会計知識ゼロからの

BUDGET MANAGEMENT
FOR THE FIRST TIME

はじめての予算管理

公認会計士
梅澤真由美
MAYUMI UMEZAWA

はじめに

　この本は、ウォルト・ディズニー・ジャパンに勤めていた頃、同僚の事業部門の管理職が予算管理に時間を取られていたことをきっかけに生まれました。当時、全社の予算管理を担当する経営企画マネージャーだったわたしは、彼らとともにやり方を試行錯誤したことで、会計知識がなくても十二分にある業務知識を活かせば効率的に予算管理を行うことができることが分かりました。

　一般に、予算管理を担当する経理や経営企画の部門からは、予算作成のスケジュールや資料フォーマットへの記入方法が渡されるだけです。つまり、予算管理について、会社はほとんど教えてくれないのです。にもかかわらず、管理職になったら急に必須になるのですから、管理職の皆さんが戸惑い、四苦八苦するのも無理はありません。

　真面目な管理職の方の中には、「予算管理のためには会計知識が不可欠」と考え、簿記の勉強からはじめる方もいます。しかし実際には、予算管理というのは極めて実務的で各社各様のものであり、会計知識が役立つ場面というのは実はそれほど多くありません。

　なぜ「会計知識があまり役に立たなかった」と言えるのかですが、何を隠そう、公認会計士であるわたし自身がもっとも予算管理に苦労した経験の持ち主であるからです。監査法人から日本マクドナルドに転じた当初、会計のプロだから予算管理はなんとかなるだろうと甘く考えていましたが、それは大きな間違いであり、会社の事業や業務の知識がないために大変苦労し

ました。もちろん、会計の知識はあるに越したことはありませんが、時間が限られる管理職の方にとっては、その優先順位は高くないのです。

　管理職の方は、すでに自社や事業での十分な経験と知識をお持ちですから、それをフルに生かして予算管理の実務をはじめることは十分可能です。その際に、予算管理の全体像を理解するのに役に立つガイドブックとなる本があればと考え、筆をとりました。本書では、会社にとって貴重な人材である管理職の皆さんが、予算管理に必要以上の時間や手間を取られないことを目指しました。

　予算管理のスキルは、例えば営業活動にも活かすことができます。実際に、顧客の予算がいつどのように確保されるのかを想定し、営業をかけることで受注に成功したケースをわたしは知っています。どんなに素晴らしい提案も、顧客に予算がなければ発注に至らないことは、皆さんご承知のとおりです。自社の予算作成を一とおり経験することで、他社の予算作成のポイントも想像できるようになります。

　以前よりも転職が増えている中、予算管理は転職後もすぐに活用できる「ポータブルスキル」でもあります。具体的な方法は各社で異なるものの、目的や内容は共通しています。せっかく予算管理を経験するのであれば、それらを理解できるよう、本書では体系立てて解説を行いました。

　その上で、本書では、後回しにして良いことや手が抜けることをはじめ、効率的な進め方を紹介しています。また、上司やチームメンバー（部下）をどのように巻き込んだらいいか、経

理に何をサポートしてもらえるのかといった、予算管理のコミュニケーションについても触れました。すぐに役立つ情報に絞り込んだことで、管理職の皆さんの予算管理に関する負担を減らす手助けになるかと思います。

　冒頭に述べた本書執筆のきっかけをくれた、ディズニーストアの Managers と呼ばれた楽しい仲間たちに感謝いたします。また、予定どおり本書が刊行できたのは、日本能率協会マネジメントセンターの早瀬隆春さまが、常に柔軟に機転を利かせて対応くださったおかげです。そして、「水色の本がいい」とリクエストをくれた子どもたちをはじめ、家族の存在と応援はいつも大きな励みです。ともに時間を過ごしているすべての方々に心から感謝いたします。

　本書が、変化が著しい現在のビジネス環境においても、管理職の皆さんがますます活躍される一助となることを、願ってやみません。

　令和2年　処暑の日に

　　　　　　　　　　　　　公認会計士　梅澤真由美

Chapter 0
予算管理は
管理職の必須スキル

Chapter 1
月次決算 ── 10月

Chapter 2
業績見込 ── 11月

Chapter 3
予算作成（前半）── 1月

Chapter 4
予算作成（後半）── 2月

Chapter 5

KPI —— 5月

Chapter **6**
部門別PL —— **7**月

エピローグ —— 9月

本書の構成

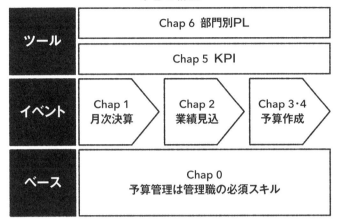

☆ツール：予算管理をより効率的にこなせるようになる、便利な管理会計の知識や技術
☆イベント：一般的な会社における、予算管理の定期的な業務とその対応方法
☆ベース：予算管理の業務を行ううえで知っておきたい基本知識

本書の使い方

①提出期限が迫っていて、予算を急ぎで作成する必要がある方は、
「Chapter 3 予算作成（前半）」「Chapter 4 予算作成（後半）」を
読んでください。

②予算管理業務を一とおりマスターしたい方は、「Chapter 1 月次
決算」「Chapter 2 業績見込」「Chapter3 予算作成（前半）」「Chapter
4 予算作成（後半）」を中心に読んでください。

③部門の業績管理を中心に取り組みたいという方は、「Chapter 5
KPI」「Chapter 6 部門別 PL」を中心に読んでください。

④管理職として予算管理に関する知識を丁寧に身につけたいという
方は、「Chapter 0 予算管理は管理職の必須スキル」から順番に
読み進めてください。

本書では、とある新任管理職を主人公に、その1年の活動を追いながら予算管理を学んでいきます。主な登場人物について、簡単に紹介します。

荒谷 昇 （あらや のぼる）

大手機械メーカーに勤務する、新卒入社9年目の男性中堅社員。この秋に静岡支店の営業課長に昇進を果たした。

営業一筋で培った人当たりの良さや幅広い商品知識を持っているものの、自他ともに認めるほどの文系人間で数字への苦手意識がある。そのため、仕事で扱うことは極力避けてきたのだが、管理職になったことでそうもいかなくなってしまった。

上野 （うえの）

静岡支店を統括する支店長で、荒谷にとって直属の上司に当たる。気さくな人物で、荒谷の困りごとや疑問にもきちんと対応してくれるが、締めるところはしっかり締める。

若井 （わかい）

静岡支店営業課に配属された新入社員。学生時代に会計を少し学んでいたらしく、荒谷に会計用語をぶつけてくる。ただ決して嫌味なわけではなく素直な性格。

Chapter

0

予算管理は
管理職の必須スキル

　10月1日——。

　この日、大手機械メーカーの静岡支店に勤務する荒谷昇さんは、配属先の営業課について、課長昇進の辞令を受け取りました。

　営業を天職と思う荒谷さんにとって、引き続き営業に携われる喜び、そして積年の実績が認められたことも意気に感じ、いやがうえにも気持ちが高ぶります。

　見知った営業課での挨拶も難なくこなし、いよいよ営業課長・荒谷としての業務開始です。初仕事として早速取引先への営業回りを——と考えていたところで1本の直通内線が。

《経理です。先月の営業予算管理の資料なのですが、メール添付に問題があったらしく、ファイルが壊れていました。前任者の資料で恐縮ですが、再送してもらえませんか?》

① 予算管理とは何か

> 経理に言われて予算管理の資料を探す荒谷さん。営業課のメンバーにも確認し、さほど手間取らずにそれらしいデータファイルを見つけました。そして確認のためにファイルを開いてみたところ、荒谷さんの目に飛び込んできたのは、多くの数字が並ぶスプレッドシートでした。

① 予算管理はそんなに大げさな話ではない

「予算管理」と聞くと、「年度はじめに決めた予算の枠内でお金を必死にやりくりする」というイメージを持たれる方が多いと思います。これは、日本の多くの会社が、予算を中心にその後の活動を縛ってしまっている実態があるからでしょう。

しかし、**予算管理とは本来、「お金にひもづけて、自分の部門の活動を捉えましょう」という程度のこと**なのです。そんなに難しい話でも、必ずしも窮屈な話でもないのです。

「お金にひもづけて」と言いましたが、**予算管理とは、「自部門の活動の数字化」**と言い換えても良いでしょう。数字にすることで全体像がより捉えやすくなりますが、ここでのポイントは、数字が自部門の活動と連動するという点です。例えば、部門で売上を得るために活動すれば、コストがかかってお金が減ります。しかし、活動によって売上が上がれば、その分のお金が増えます。このように、すべての活動、すなわち業務はお金というカタチで返ってきて、ひいては数字で表されるのです。つまり、**数字はすべて、皆さんの業務そのもの**なのです。

2 数字で管理するメリット

　それでは、なぜ数字を使って把握するのでしょうか。それは、コストと売上のバランスを見るためです。一般社員だった頃は、営業であれば、とにかく売上を上げようと必死で、交通費など販売に必要な経費について、それほどうるさく言われなかったかもしれません。しかし、それは一般社員までのお話です。管理職になると、コストと売上のバランスについて両面から把握する必要があります。

　考えてみれば、それは当然の話です。いくら売上を上げるためといっても、期待される売上以上に、湯水のごとくお金を使って良いかといえば決してそんなことはありません。お金がなくなってしまえば、そもそも会社経営は立ち行かなくなってしまいます。そこで、会社の中では、一般社員が売上のアクセルを踏むことに集中する一方で、管理職がそのアクセルと経費のブレーキについてバランスを取るのです。

　アクセルとブレーキとの強さのバランスを見るのには、数字が便利です。売上からコストを差し引いて計算される利益こそが、バランスを示しています。**管理職は、売上だけではなく、利益を見るのが仕事**なのです。

　会社の中には多くの部門があり、分業して機能を果たしています。営業、製造、管理部門などのうち、収益が上がるのは一部の部門だけであり、残る部門はさまざまな費用だけを発生させている場合があります。これらをひとまとめにし、全体を把握するために役立つのが数字です。**すべての事業に投入した費用や得られた効果などを金額換算することで、会社全体を把握することができる**のです。つまり、数字は、翻訳力の高い唯一の「社内共通用語」と言えます。

　また、数字で管理することのもう1つのメリットは、ビジネスツールのスタンダードであるPDCAサイクルを回しやす

いことにあります。例えば、多くの会社では月に1度、利益が計算され、お金のバランスがどうだったかを毎月調べています。その結果を見て、今後の業務の改善に活かすというPDCAサイクルを回しやすいという点も、お金の数字を使って管理がなされる理由でもあります。

③ 予算管理は管理職の必須スキル

なぜこのようなお金の数字で管理するスキルが、管理職になると求められるのでしょうか。それは管理職が、「プレ経営者」という立場にあるからです。

管理職になると、経営陣に自部門の事業について説明する機会が増えます。このとき、経営陣は経営の視点から皆さんに質問します。これに答えるには、皆さんのほうで自部門の業務を経営レベルに翻訳することが求められます。このとき、お金の数字は、会社経営のモノサシとして役に立つのです。

裏を返すと、**予算管理を通じて、お金の数字に関するスキルを磨くことは、経営者になるための近道とも言えます**。経営者になれば、自部門以外の事業についても把握しなくてはなりません。そのときに役立つのが、まさにこのお金の数字のモノサシなのです。まずは自部門を題材に、お金の数字化や翻訳するスキルを身につけていければ、あなたが将来経営者になったときにも必ず役立ちます。予算管理は、経営者への道につながっているのです。

事実、海外企業では公表される書類に、取締役のスキル一覧表がついていることがしばしばあります。そこで業種を問わず必ず項目に挙げられているのが、アカウンティングやファイナンスといった計数（数字を使って物事を考え、表現する）スキルです。これは単に経理の経験の有無や暗算が得意といった話ではなく、それ以上に、実際の業務の中でそのようなスキルを

使ったことがあるかが重視されているようです。日本でも、このような情報を公表し、取締役がそれにふさわしい能力を持っているかをアピールする会社が増えてきています。

「数字は経理に任せておけ」という時代は終わりつつあります。よく「文系だから数字に弱くて」という発言を聞くことがありますが、文系が多いとされる事務職では、RPA（Robotic Process Automation の略、ロボットによる業務の自動化のこと）などの IT ツールを駆使することが求められている時代です。もはや「文系だから」という言い訳は難しいのかもしれません。**計数スキルのない管理職は絶滅するかもしれないのです。**

　RPA と言いましたが、時代の流れは単純作業をどんどん減らしていこうとしていて、管理職にはさらに高度な業務が求められています。その 1 つが、お金の数字を使った部門全体のマネジメント、つまり予算管理です。

4 業務への理解が、もっとも役立つ

　予算管理が部門のマネジメントの一種だとすれば、まずは部門の業務をきちんと理解することがもっとも大切です。最終的にお金の数字の観点で考える必要がありますが、まず考えるべき対象は皆さんの部門が行う業務そのものです。例えば、広告宣伝部門であれば、どのような広告媒体を使うか検討すると思います。このとき、重視したい媒体には多くの費用をかけようとするでしょう。費用をどのくらいかけるかの判断は、すでに持っている業務に関する知識や経験次第だと思いますが、そうした業務への理解は、予算管理においても必ず役に立ちます。

5 会計知識の勉強は不要

　逆に**予算管理で意外に役に立たないのは、会計の知識です。**熱心な管理職の中には、予算管理を担うために「まずは会計の

勉強から」と頑張る方がいます。しかし、これは大いなる遠回りになります。なぜなら会計の知識だけでは、業務の数字化が難しいからです。

「会計の知識なしで、どう数字化するのか」と疑問に思うかもしれません。しかし、皆さんの業務をどのように数字化すれば良いかについては、多くの場合、前例が残されているはずです。ですので、まずはそれをまねして数字化することができます。そして、予算管理といっても、会社によってやり方がさまざまです。一般論である会計の知識が、必ずしても当てはまるわけではない場合もあるので、先に会計について学ぶことは、即効性が低いとも言えます。さらに、実務において高度な数字化が必要な部分では、経理部門などの会計を専門に担当する部門がサポートしてくれます。**「会計を学ばなければならない」と気負うことなく、予算管理をはじめていきましょう。**

② 部下だった頃の 予算管理との違い

> 開いたファイルの中身が数字であふれていることに呆然とした荒谷さん。シートの右上を見ると、営業課の前任者が作成と明記されていることに気がつきました。
> 「え、これ課長が全部作るの？」
> 驚きの声が思わず口をついて出ましたが、ふと、一般社員時代にも似たような資料を目にしていたことを思い出しました。

① 部下時代も予算管理に関わっていた

実際のところ、**皆さんが管理職になる前、いわゆる部下だった頃から予算管理に関わっていた方が多いと思われます**。例えばその頃の上司から、自分の担当する案件について来年の売上見込や、あるいは年度中にどのくらいの費用が最終的に必要になりそうかを聞かれたことがあるのではないでしょうか。これらも立派な予算管理の仕事の1つです。

これから皆さんが管理職としてかかわる場合と異なるのは、その範囲が部門全体に拡大するということだけです。部下である一般社員の頃は、担当する案件だけの予算管理をすれば良かったのですが、管理職になると部門全体に目配せする必要があります。つまり、他の業務と同様、予算管理の担当範囲が広くなっただけとも言えます。**予算管理と改めて聞くと難しい感じがしますが、実はすでに少しやってきたことなのです。**

とすれば、**これまで担当してきた案件や、業務に関して身につけた知識や方法などの経験も、予算管理に当然活用すること**

ができます。多くの場合、皆さんはこれまで自分が経験を積んだ部署で管理職になったでしょうから、ほとんど活用できると考えて良いと思います。ぜひそのときは、部下だった頃にどのような注意点があったかを、まず思い出すことからはじめてみましょう。

② 週報も予算管理の一環

それ以外に、実は身近な業務にも予算管理は存在しています。例えば「週報」です。

営業部門では、週のはじめの会議で、各メンバーが前の週の営業活動をもとに、今月の受注見込について週報というレポートを通じて報告することがよくあります。これはまさしくChapter 2 で扱う、予算管理の「業績見込」そのものです。

皆さんが提出した週報がその後どう扱われるかといえば、上司が集計した後、部門全体の受注見込の作成に使われるのです。そのように週報を考えると、これまで上司が質問してきた意図が理解できたり、今後の皆さんの業務とのつながりも少しイメージできたりするのではないでしょうか。皆さんが出した週報について、その後の過程をぜひ振り返ってみてください。

週報のように、これまで予算管理とは思われなかったけれど、実は予算管理だった活動が、会社の中にはたくさん見受けられます。このことから、予算管理の重要性が改めて感じられるのではないでしょうか。また、**管理職である皆さんの立場からすると、実務の観点からの大事なポイントとして、「実はすでに行われていた予算管理をうまく活用して、上手に予算管理を行う」ことが大切です**。詳しくは後の Chapter で述べていきますが、報告内容や資料のフォーマット、タイミングを過去から再利用することによって、数字の一貫性が保てると同時に、皆さんやメンバーの手間が大きく減って楽になります。

③ 昇進直後はまだ分からなくて当然

「部下時代にも予算管理をやってきたはず」という話をしましたが、「やったとしても、ちゃんと教えてもらっていないレベルなのに」と、冷や汗をかいた方もいるかもしれません。安心してください、まだそれでも大丈夫です。わたしは予算管理や管理会計を専門にして多くの会社を見てきましたが、一般社員まで予算管理の十分な教育を行っている会社はほぼありませんでした。ですので、これまでに前述の予算管理の経験があったらラッキーくらいに考えてください。これから学んでいけば良いのです。

③ 予算管理を わざわざやる意味

> 会計が苦手の荒谷さん。単純な損得勘定は何とかなりますが、本格的な会計の勉強については、研修でも独学でも挫折していました。一般社員時代もこの点だけは苦労したものでした。
> 「こういうのがなければ、仕事は楽しいんだけど……」
> データファイルの資料を見つめながら、ぼやく荒谷さんでした。

① 将来を成り行き任せにしないために

　予算管理において、膨大な時間と手間をかけて予算を作成して管理するのは、一体なぜでしょうか。どの会社でも年中行事のように行われているので、今さら考えることもなかったかもしれませんが、一言で言えば「**会社の将来を成り行き任せにしないため**」です。

　会社は株主に資金を出してもらって運営している営利企業なので、利益を出し続けることが期待されています。そして、うまくその循環に乗せるためには、あらかじめ作戦が必要です。これに相当するのが予算と言えます。

　皆さんが株を持っているとしましょう。株主総会において、「今年は他社との競争が激しくて赤字だったので、仕方ないですが配当がありません」といった趣旨のことをあっさり説明されたらどう思いますか？「状況への対処も含めて経営陣に任せているのに、ただ仕方ないとは無責任な」と、おそらく怒ると思います。このような事態を防ぐために、社内では、どのようなことがここから1年で想定されているのかを把握し、そ

れに対する対処までを検討します。これが予算の役割と言えます。想定するだけではなく、早めに手を打つことまでが目的です。

例えば、最近注目されているフリーランスで働く方をイメージしてみると分かりやすいでしょう。多くのフリーランスの方は、売上に関する予算の計算を行っていることが一般的です。自分の生活費から逆算して、毎月このくらい売上を上げないと暮らしていけないという計算を、あらかじめ行っています。まさに、事業を成り行き任せにせずに、生活していけるようにする知恵です。これは会社も同じということです。

② 会社には多くの人が関わっている

会社では、常日頃から多くの人が関わっています。皆さんも経験があると思いますが、同僚でも性格や所属する部門が違えば、なかなか意思疎通はうまくいかないものです。組織であれば仕方がないことかもしれませんが、このような問題点を解決するためにも、予算が役に立ちます。**来年の見通しを、数字で見える化することで、社内で目線合わせを行うことができるのです**。

ある程度の規模までの中小企業であれば、すべての数字が社長の頭の中に入っていて、来年度の予算についてもイメージがついているということがあるかもしれません。しかし、この場合でも、それを見える化することが大事です。見える化することで、社長以外の従業員も自分たちが目指すべき目標を知ることができ、社長不在時の対応や仕事へのモチベーションアップにつながるからです。

また、業務を複数人、複数部署で分担していれば、誰がどんな経費を使おうと思っているのか、それがいくらなのかを聞かなくては分かりませんが、見える化することでその手間を省け

ます。

　さらに、ここでいう「多くの人」には、社外も含まれます。銀行から借り入れをする会社は、予算や中期経営計画を銀行に見せることがあります。それはお金を貸す会社が、これからどうなるのかということを、銀行もあらかじめ知っておきたいからです。会社によっては、予算を直接見せなくても、来年度の計画を取引先や仕入先などとも共有して、協力を仰ぐこともあります。**予算は、社外の関係者にも影響を与える**のです。

③ 具体的な数字が業務を効率化する

　これまで述べてきたように、予算は数字で作られます。例えば、来年度の売上はXX億円、営業利益はYY億円というカタチで紹介されます。具体的な数字によって作成されるのが、予算の特徴の1つです。具体的な数字を使うことで、関係者の間で理解にブレが生じないようになります。

　例えば、「もう少し来月は売上を上げてよ」と上司に言われた営業部門の各メンバーは、一体いくらくらい売上の上乗せを頑張るでしょうか。この言葉だけでは、その人の感覚次第になってしまいます。上司はあと1千万円のつもりで言ったのに、各メンバーは100万円のつもりだったということでは、上司の目算から大きく外れてしまいます。

　管理職になると、多くの場合、複数のメンバーのマネジメントをしなくてはなりません。このときにも数字が役に立ちます。

　あるメンバーが、とある仕入先から値上げの話を打診されたとします。この場合、単価当たりではなく、年間で計算してみましょう。そうすることで、全体の予算に対してどれくらいの影響があるのかを皆さんは判断できます。それほど影響が大きくないのであれば、話を聞いてから時間をかけずに判断できるでしょう。会社にとって大事なのか小事なのか、時間をかけず

に判断することは、管理職にとってとても重要な職務です。

　このように**予算が数字化されていることで、皆さんは日常のマネジメントの効率化にも活用することができます**。自部門のメンバーは自らの業務に不安がある場合、小さな案件でも相談してくるかもしれません。すべてに丁寧に対応していたら、いくら時間があっても足りません。これはわたしも管理職時代に抱えた悩みでもあります。数字の大きさをもとに優先順位をつけるのも1つの方法です。**ぜひ「数字化」を日常業務の優先順位づけにも活用してみましょう**。

④ 不測の事態を回避できる

　とかく**予算は面倒なものと嫌われがちですが、このように見てくると、実は皆さんの味方でもあることが分かるかと思います**。予算によって将来を知ることで、あらかじめ必要な手を打つことができるからです。チームマネジメントをしていて感じたことに、メンバーは悪い知らせほど言ってこないというのがあります。わたしも、「早く言ってくれれば、もっと打つ手があったのに……」という残念な思いも経験してきました。そう考えると、予算の段階、早ければ1年程度前の段階で、たとえ悪い未来だったとしても見通せるということは、とても価値あることと言えます。

　また、厳しいことを言うようですが、管理職になると、そのような情報を入手していたかどうかが、管理職の責任の範疇にも入ってきます。つまり、「聞いていなかった」「気づかなかった」というのは許されないのです。そうならないよう、予算作成の段階で、腰をすえて包括的に検討することが大切です。

　「年中行事だから義務的に」という気持ちで予算作成や管理をするのではなく、自分や部門、そして会社を守るために取り組みましょう。

④ 予算管理の考え方とその注意点

「課長、栄商事の鈴木様よりお電話です」

　営業課のメンバーからの電話取次の声に、荒谷さんは我に返りました。取り次がれた電話を済ませると、他の予算管理の資料探しと確認に戻ります。

　幸い、資料の名前は分かりやすくなっており、ファイルを送るだけなら内容をじっくり確認しなくてよさそうです。それほど間を置かず、部門で扱う予算管理の資料を全部揃えることができました。

1 各社で「予算管理」は大きく異なる

　予算管理で出てくる用語というのは、実は各社それぞれ異なります。例えば、「修正予算」という言葉で示すものを、達成見込である「予測」と呼ぶ会社もあります。その一方で、「予算」と名のつくものは、年初に一度作ったら1つだけしか存在しないという会社もあります。

　用語だけではなく、進め方や予算管理関係の数字の作成頻度なども、会社の数だけあるというのが実態です。わたしも管理会計のコンサルティングでクライアントに伺うと、用語だけではなく実際の資料や使用目的も同時に聞くようにしています。そうしないと、実態が分からないからです。

　面白いことに、クライアントの皆さんは、「自社の予算管理が一般的」だと思っていることが大半です。まさに、自社の常識・他社の非常識です。このことは、管理職である皆さんにとっては要注意です。例えば、自部門のメンバーや上司が他社から転

職してきたとしましょう。予算に関する話をするときに、前述のことから話がかみ合わないかもしれません。相手は自分のこれまでの予算管理をベースに話をしているのですから、ある意味当然のことです。このことから、管理職の皆さんは、自部門の予算管理をスムーズに進めるためには、ときに通訳として自社の予算管理を説明しなくてはいけない場合があることに留意しましょう。これは、自社の予算管理への理解からずれていたり、誰か説明が必要な人がいたりする場合のみで十分です。皆さんは実務で予算管理をされるわけですから、**一般の予算管理と自社の方法はどこが違うのかなどは、それほど気にしなくても大丈夫**です。ただ、どの会社の予算管理でもベースになっている大事な考え方を2つだけ紹介するので、ココだけまずは押さえておきましょう。

2 予算管理のベクトルは2パターン

予算の作り方には、大きく分けて2つパターンがあります。それは、**トップダウンとボトムアップ**です。

トップダウンというのは、上から下にという意味です。例えば、社長の鶴の一声で、「来年の売上予算は100億円」という決め方を指します。一方、ボトムアップというのは、下から上にという意味で、現場の声を集約して予算を決めるやり方です。

よく見かけるのは、トップダウンとボトムアップの折衷型です。最終的には経営陣が決めるものの、その判断材料とするために、各部門からも予算の希望を出してもらうという方法です。トップダウン型では、ビジネスの実態をよく知る部門の情報を反映できないというデメリットがあり、完全なボトムアップ型では、近視眼的になりがちで、会社の中長期な目線での成長が望めないような数字になってしまいがちです。これらの問題を解消するために、両者の良いとこ取りを狙って折衷型としてい

るのです。

　管理職の皆さんは現場の代表として、このボトムアップのメリットを最大限発揮するような動きが求められていることを、頭に入れておきましょう。わざわざ時間をかけて皆さんの部門から数字を集めるのは、ビジネスの実態に合った現実的な数字を経営に反映するためなのです。そのような数字で予算を作成すれば、予算を達成できる可能性も上がります。これを**実現可能性**といいます。また、ボトムアップのもう1つのメリットは、**納得感**と言われています。皆さんも、鶴の一声で押しつけられた予算よりも、自分が提出した予算のほうが、頑張って達成しようと考えるのではないでしょうか。そうした各部門のモチベーションを上げるためにも、ボトムアップ型は有効です。

予算の作り方

	トップダウン	ボトムアップ
イメージ	△ ↓	△ ↑
メリット	・経営陣の意向にもとづく	・現実的な数字ゆえ達成できる可能性が高い ・納得感がある
デメリット	・実態が反映しづらい	・近視眼的になりがち

3 中期経営計画は理想、予算は現実

　管理職になると関わるイベントに、中期経営計画の策定があります。多くの場合、予算には部下時代から関わりますが、中期経営計画に関わる機会は少なかったかもしれません。「中計（ちゅうけい）」と略して呼ばれることも多いです。

中期経営計画とは、会社の今後数年間の方向性を表した計画のことを指します。どのような事業分野や地域に注力するのか、そしてその結果、売上ならどのくらいの会社規模を目指すのかといった概要をまとめたものです。

　予算と比較した場合の主な特徴は3つあります。まず、中期経営計画の期間は3年または5年のことが多く、これに対して予算はご存じのとおり1年です。そのため、**中期経営計画で策定された一部の年度について、予算で具体化するという関係にあります**。このことも関連して、中期経営計画は、主に経営戦略の観点からの説明が主体になるため定性的です。一方、予算は定量的で、すべてが数字に落とし込まれていると言っても過言ではないでしょう。つまり、**経営計画は戦略であり、それを戦術として具体化したものが予算ということになります**。

　中期経営計画では、会社のビジョンなどをもとに数年後の姿を検討するため、こうありたいと願う多少の「夢」が含まれます。そして、経営陣が議論してトップダウンで決めることがよくありますが、さほど問題になることはありません。なぜなら、中期経営計画の期間は複数年ありますので、達成に向けて動く余裕があるからです。一方で、予算は来年後のことですので、すでに述べたとおり、達成の実現可能性が重要です。

　日常の業務においては、予算を見据えて予算管理をしていれば、結果的に中期経営計画も達成できると考えられます。しかし、現実によくある失敗として、中期経営計画と予算が連動していないために、予算は達成したのに、中期経営計画は達成が危ぶまれるという事態に陥ることがあります。管理職として予算に関わる場合には、余裕があれば自分が関係する部分だけで結構ですので、**中期経営計画ではどのように扱われているのかを確認して、予算と連動させておけたら理想的です**。

5 管理職としての予算との向き合い方

揃った資料のデータファイルをまとめながら、荒谷さんは最初に開いた資料の数字を思い出していました。数字やグラフは営業のプレゼン資料でも作ってきています。そしてそれらは重要な部分や効果的なアピールでよく使っていました。おそらく予算管理でもそうなのでしょう。

「いつかちゃんと扱えるようにならないとなぁ……」

管理職であることを自覚し、荒谷さんは決意を新たにしたのでした。

1 よくある失敗は作成の時間と労力のかけすぎ

予算管理を扱った本などでも必ず触れられるのが、作成に要する時間と労力の多さです。予算管理に関するアンケートなどを行っても、現場の声として、「負担が大きい」というのが必ず上位にランクインしています。

いくら年度の一時期といえども、現場が悲鳴を上げるほど負担が大きいということは、その他の業務へも当然影響が生じているでしょうから問題です。それ以上に気になるのは、予算を作ることにエネルギーのすべてが注がれてしまい、**年度中の予算との向き合い方がおろそかになってしまうことです。**

予算が、将来を成り行き任せにしないためのツールだということは、すでにお話ししました。つまり、**予算は進捗管理をはじめ年度中にこそ目を向けるべきであり、それを行わないのは本末転倒**なのです。管理職が予算作成後、疲労感から見たくも

ないと言わんばかりに当面放置する姿は、予算の目的からすれば、本来あってはならないことです。そのためには、予算管理を必要以上に煩雑にせず、無駄や手間を省く、つまり良い意味で「手を抜く」ことも大事です。

「予算は活用するためにある」ということを、ぜひ頭にしっかり入れておいてください。

2 ツールとして本来の業務に活用してしまおう

とはいえ、今お話ししている予算管理の仕事は、当たり前ですが皆さん管理職にとって業務の1つに過ぎません。ですので、**できる限り手間をかけずに済ませてしまいたいというのが偽らざる本音だ**と思います。

所属する部門を問わず、皆さんの究極の目標は、会社の利益を上げることでしょう。そこで、どうせ業務に関わることなのであれば、**予算管理を利益を効率良く上げるための羅針盤として活用してみてはいかがでしょうか**。

例えば、販売促進策に取り組めば、売上金額が20％上がると予測できたとしましょう。月次決算のときに、実績の金額と比較することで、容易に「答え合わせ」ができます。客観的に数字で振り返ることができますから、もし未達成の場合には、原因を探すのも難しくないでしょう。ビジネスの基本はPDCAにあるといいますが、なかなか業績が改善しない会社は、PDCAのCに当たる振り返りが弱いという共通点があるように、コンサルティングの経験から感じます。

3 全体を把握する「虫の目」と「鳥の目」の往復

一般社員と経営者の考え方の違いについて、前に話をしましたが、その目線も大きく異なります。一言で言えば、「虫の目」と「鳥の目」です。

一般社員は、予算を作る際に、自分の担当案件までの範囲で数字を見ています。そのため、管理職である皆さんが何か質問した場合も、部門全体の影響の大きさはあまり気にせず、自分の案件の中から答えを探します。これが地面を這う「虫の目」です。

　一方、経営者は、あらゆる数字を総額で捉えています。裏を返せば、会社全体に影響が大きいものを中心に把握しています。これが空高くから眺める「鳥の目」です。

　もうお分かりだと思いますが、**管理職は、「虫の目」と「鳥の目」の両方を理解しなくてはなりません。管理職は、予算管理をはじめとするあらゆる情報のハブ（中継地）だからです。**

　一般社員の気分が抜けない管理職の中に、「なぜ外注費が増えているのか」と経営陣に聞かれ、慌てたせいか「案件を集計したらこうなりました」と「虫の目」だけの理解で答えてしまっているのを見たことがあります。「鳥の目」を持つ経営者にとって、有益な答えを用意できるよう、目線を地面と空を行き来させるように心がけましょう。

Chapter 0

⑥ 予算管理の実務のコツ3つ

> 　予算管理の資料データファイルをまとめ終わり、経理へ送付した荒谷さん。
>
> 　しばらくすると経理の担当者から、対応に関するお礼と確認完了の返信が届きました。
>
> 「『数字が間違っている』とかの話じゃなくて良かった。いきなりそれだったらいろいろと危なかったな……さ、仕事仕事」
>
> 　返信を見て安堵した荒谷さんでしたが、これは彼と予算管理との戦いのはじまりでしかなかったのです——。

　管理職が予算管理を行うとき、実務を踏まえて使いやすくなるコツを3つご紹介しましょう。

① その1：聞かれるタイミングをつかむ

　皆さんの中には、「予算について頻繁に確認されるのが大変」という方も多いでしょう。月ごとや四半期ごとという頻度で、「当初の予算に対して過不足が生じていないか？」とか、「この金額が大きい案件を本当にやるんですか？」とか、いろいろ質問され、その都度フォローをしなければならない方もいるのではないでしょうか。

　なぜこれほど頻繁かと言えば、すでに説明したとおり、予算は一度作って終わりではないからです。いわば予算の宿命でもありますので、このことを踏まえて、実務に落とし込むようにしましょう。

例えば、聞かれるタイミングには傾向があります。会社にもよりますが、四半期の決算月とか、毎年度の第3四半期の終わり頃などです。これまでの傾向をもとに、あらかじめ質問の回答を用意しておくようにしましょう。予算に関する確認というのは、皆さん管理職だけではなく、メンバーや上司にまで確認をしなくてはいけない場合も多くあります。このため、「急に言われても」という気持ちになりがちなのはよく分かります。しかしそこで**「不意打ち」を避けるためにも、あらかじめ予算に関していつ聞かれるのか、過去の傾向を押さえるか、経理部門の担当者などに聞いておくようにしましょう。**

そのうえで、確認が入る前に情報収集しておくようにします。例えば、そろそろ経理部門から予算に関する質問が来る時期だと分かっていれば、金額が大きな案件について、週次の部内会議のときにメンバーから状況を報告してもらう、ということができると思います。つまり、依頼が来てからメンバーたちに質問を振るのではなく、あらかじめ、おおよそでも構わないので、情報を集めておくのです。そうすることで、いざ経理部門から聞かれたときにも、すでに手元にある情報でさっと答えることができるはずです。

予算管理はストレスが多いと言われますが、その原因は、「自分だけでは進められない」＋「期限がタイト」にあると思います。実務を考えるときには、ぜひこのあたりをどのように解消するか、考えてみるようにしましょう。

② その2：内訳を知る

年度中に、費用が予算で見込んでいたよりもかかるようになるという事態をよく見かけます。その原因を探ると、その**費用に関する理解不足が原因であることが多くあります。** すべての費用をカバーするのは大変でしょうから、**まずは自分の部門で**

発生する費用について、金額が大きいトップ3から押さえましょう。営業部門の場合には、うち1つを売上に置き換えて考えると良いでしょう。慣れてきたら、トップ5までとすれば良いのです。

　具体的には、内容やおおよその金額は、最低限そらんじて言えるようにしましょう。それができたら続いて、発注先やなぜその発注先を選定したのか、金額はどのように決まっているのか、そして過去からの金額の増減などを押さえます。

　このようにして**内訳を知ることは、Chapter 4 で詳しく見ていきますが、予算管理最大の山場である予算折衝でも役に立ちます**。予算折衝は、もっとも骨が折れ、そして時間も取られるものだと思います。最終的に予算の金額を決める場ですが、その議論をするためには必ずその金額の前提が確認されます。

　例えば、経営陣が今期90億円の売上に対し、来期は100億円を目指したいと思っていたところ、営業部門のボトムアップ型で作られた予算が80億円という金額で出てきたとします。このとき、「今年度は90億だったのになぜ減るんだ」という質問が経営陣から当然出るでしょう。その際に必要になるのが、まさに内訳の内容に関する説明です。「消費税増税による買い控えの影響で5億円のマイナスを見込んでおり、さらに主力製品Aの競争が激化していて売上が鈍化している」といった説明を、皆さんはする必要があることでしょう。どのような事象が自社の売上に影響するか、どのような製品が売上の上位を占めているのかを知らないと、このように多角的な検討をして回答することはできません。

　予算折衝に対して時間が異常にかかる会社は、内訳を把握していないため、いつまで経っても、総額でしか話をすることができず、「だったら85億」などと、まるでセリのような議論になりがちです。経営陣の中には、長年の勘ゆえに総額の肌感

覚を持っているケースもありますので、皆さんはそれに対して現実的な内訳を用意するのが、後々を考えると賢明です。お互いが正しく理解し、効率的に予算作成を進めるための基礎知識として、ぜひ内訳を押さえておきましょう。

3 その3：予算ではなく実績からはじめる

Chapter 1 でお話しする「月次決算」の資料を眺めていると、予算と実績の数字について比較形式で並んでいることがよくあります。このとき、**まずは予算の数字ではなく、実績の数字に必ず目を向けるようにしてください**。本書は、予算管理を説明する本ではありますが、**予算管理の資料でまず見るべきは予算ではないのです**。

予算というのは、人の判断や思惑が大いに含まれています。また、事業年度がはじまる前に作るので、その時点とは状況が大きく変わってしまっていることもあります。とすると、今ある予算の理解に時間をかけても、得られる見返りがあまり多くないのです。

一方の実績は、名前のとおり、実際の結果を示していますから、最新情報の宝庫と言えます。さらに、先ほど問題視した個人の感覚などの恣意性が含まれていません。**全体像を押さえたい管理職にとって、情報源として有意義なのは、実績の数値なのです**。

言い換えれば、実績はリアルな数値で、予算はバーチャルな数値です。そう考えると、リアルとしての実績を理解しておく意味は大きいのです。例えば、その2の例では、消費税増税の買い控えを想定していましたが、前回の消費税増税のときの影響額の実績値を押さえておくことで、説得力が増します。説得力を持つという点も、予算よりも実績を先に理解する大きなメリットと言えます。

4 はじめはコツさえつかめれば良い

　このように、**管理職として予算管理を新たに担当するといっても、予算からはじめる必要も、すべてを押さえる必要もない**のです。ぜひ日常の業務の中で、主な内訳と実績にこだわるというコツを意識して進めていきましょう。

Chapter

1

月次決算

10月

　経理にファイルを送ってしばらくの間、荒谷さんは予算管理のことを放念していました。

「あれは上半期の資料だったし、下半期分の提出まで時間はある」

　そんなことを考えながら10月も半ばに差し掛かった頃、経理から1通のメールが届きました。

《予算管理のため、9月の月次決算の質問対応をお願いします——》

「え、こんな時期に予算管理？　期限は……あと2日?!」

　思わず頭を抱える荒谷さん。半年どころか明後日までに対応しなければならないと知ると、頭の中は真っ白。そんなとき、荒谷さんのところへある人物がやってきました。

「よっ、どうしたんだい荒谷課長?」

「あ、すみません上野支店長。お見苦しいところを……」

　荒谷さんはパッと立ち上がり、事情を説明しはじめました。

1 予算管理は月次決算から

> 　昇進直後で部署の実態も十分把握できていないうちに、月次決算への対応を求められた荒谷さん。営業課に立ち寄った上野支店長に事情を説明し、思い切って打開策を尋ねました。
>
> 　一部始終を聞いた支店長は少し考えてから、ニッと笑ってこう答えました。
> 「実績について、先月のものを流用して答えてはどうかな？」
> 「えっ?!」
> 　荒谷さんは驚きのまなざしを笑顔の支店長に向け、唖然としたのでした。

① まずは月次決算を押さえよう

　予算管理について、何からはじめたら良いでしょうか。その答えは明確です。**まずは月次決算から取りかかりましょう。**

　なぜなら、管理職になってまず直面する予算管理のイベントは、おそらく月次決算だからです。決算とは、一定期間の売上と費用を計算して利益を算出することですが、月次決算はその名前のとおり、毎月行われます。

　多くの会社では4月や10月に異動や昇進が行われますが、最近は転職によりさまざまなタイミングで管理職に就く方も多く、また同じ社内でも別の部門から異動して管理職になる場合もあります。そのため、管理職の皆さんがまず直面するのは、Chapter 2以降でお話しする予算の作成や業績見込の準備より、月次決算を行う確率のほうが高いでしょう。

会社により提出する資料の体裁などは異なりますが、やっていることは大体同じです。**自分の担当する部門が関連している決算数値について説明することです。多くの場合、経理部門から受けた質問に対して答えるというカタチで進めます。**

　経理部門が質問する対象の数字は3種類しかありません。それは「今年」「前年」「予算」です。経理部門は、月次決算で確定した今年の実績に対して、前年との差額、予算との差額、この2つの差額の意味を皆さんに聞くのです。

　予算の詳細な説明は後に譲りますが、この時点では、予算は目標のことだと思ってください。まずは今年の実績に徹底して注目するのが、Chapter 0でも述べたとおり、予算管理を効率的に身につけるための大事なポイントです。

　まず、前年の数値は、もしあなたがこの部門に当時在籍していなかった場合には把握するのが難しいはずです。さらに、予算というのは、たくさんの人が関わって議論したうえで「決める」数字ですので、幅があります。ある意味バーチャルなものです。一方、実績というのは、実際に起こったことにもとづいて「決まる」数字と言え、リアルなものです。皆さんの会社でも、予算の数字が現場の意向ではなく、社内の力関係などによる「政治」で決まってくるというケースがあるかもしれません。したがって、予算自体の数字や、それと実績の差額というものについては、意味が見出しづらいし、説明もしづらいものなのです。

　とくに、新たな部門を担当することになった管理職にとっては、着任以前に作られた予算のことを言われてもお手上げかもしれません。それは、性質上やむを得ないものといったん割り切って、まずは実績に目を向けるようにしてください。着任後すぐは気合が入っているので、予算もすべて押さえようとしがちですが、今はぐっと我慢します。

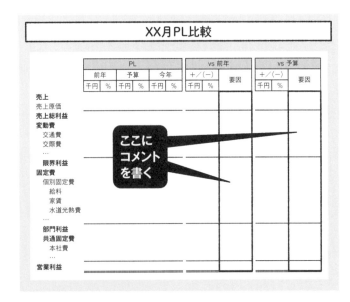

	PL					vs 前年		vs 予算		
	前年		予算		今年		+／(−)	要因	+／(−)	要因
	千円	%	千円	%	千円	%	千円	%	千円	%
売上										
売上原価										
売上総利益										
変動費										
交通費										
交際費										
…										
限界利益										
固定費										
個別固定費										
給料										
家賃										
水道光熱費										
…										
部門利益										
共通固定費										
本社費										
…										
営業利益										

XX月PL比較

ここにコメントを書く

2 経理の質問に何とか答えるには

　まずは、予算ではなく実績に注目しようといっても、経理部門からは着任した月の月次決算について容赦なく質問が飛んでくるのでストレスだと思います。**そこで、ひとまず今月を乗り切るための方法を紹介します。**

　まず、前月の月次決算において、経理部門から質問されたことを押さえましょう。もし提出された資料データが残っていたらそれを入手します。そして、そこに書かれているコメントの意味を確認しましょう。確認する相手は、社内に前任の管理職がいるのならその人、いないなら自部門のメンバーでもっとも詳しい人が良いでしょう。そうした人もいない場合には、思い切って経理部門に確認してしまいましょう。経理部門の中には、皆さんの部門を担当している方がいるはずです。着任の挨拶がてら、質問する機会を得るのも良いかもしれません。なお、

もしメールのやりとりで質問対応をしていたということであれば、関連するメール一式を転送してもらいましょう。

　これらの情報は、皆さんが担当しはじめた月の月次決算に活用できます。予算は一定の傾向を持って作成されるため、月次決算での差異の説明は、何か月にもわたって同じような説明が繰り返されることが非常に多いと、わたしの経理部門・管理職両方の経験からも言うことができます。

　前月分のデータを入手しておくことには、主に3つの効果があります。1つ目は、皆さんが内容をじっくり理解する助けになるということ、そして2つ目は、同じ表現をコピーして使うことで、月次決算の説明が効率化できるということです。2つ目のほうが、どちらかといえば実務的なメリットとして大きいのではないでしょうか。ゼロから表現を考えるのは、時間がかかりますし、また着任して間もないことから、どのように表現したら良いのか分からないということがあるかもしれません。無理せずコピーすることで、皆さんの助けとなるでしょう。さらに3つ目は、提出先の経理部門の立場からすると、同じ表現が使われていることで、前回と同様の傾向にあることがはっきり分かります。月次決算の内容がはっきり分かれば、経理部門から追加で皆さんに質問してくるということが少なくなるのです。

② これまでの資料に目を通す

> 　上野支店長のアドバイスは、実際のところ前任者の月次決算の質疑応答を丸々流用することでした。
>
> 　荒谷さんにとってはプライドが許さないわけではありませんでしたが、何しろ締め切りは 2 日後です。いろいろとおぼつかない状態で予算や見込まで把握するのは難しく、結果である実績ぐらいしか理解できそうにないことも事実でした。
>
> 　結局、荒谷さんは支店長の提案に従い、昇進 1 か月目の月次決算を何とか乗り切ることができたのでした。

① やり方を整理して理解する

　先ほどのやり方で、何とか初の月次決算は乗り越えることができましたが、これはあくまで着任直後だけの対処法です。今後も管理職として働いていくなら、付け焼き刃の知識ではつらいので、少しできた時間で次回の月次決算に向けて準備をしたいと思います。

　まずは今回の月次決算のケースをもとに、**毎月いつどのような依頼があるかを整理してみましょう**。つまり、**スケジュールと依頼内容を先に押さえる**のです。とくにスケジュールについては、経理部門が経営者に報告する関係上、月の第 X 営業日までに何をするというのがあらかじめ定められていることがほとんどです。そこで、依頼先である管理職の皆さんも、自分たちの予定が立てられるように、営業日ベースで確認しておくと良いでしょう。

また、今回の**月次決算で提出した資料を前に、経理部門の担当者と簡単な打ち合わせをするのも有効**です。例えば、「大体このぐらいの時期ですか？」とか、「要はこのフォーマットを埋めるってことなんですよね」というカタチで、依頼の詳細について確認します。そして、これに対応するためには、自分がどのように準備したら良いのかを検討します。

　本来であれば、前任者からこのような話を聞ければ良いのですが、経営に関わるような管理職の業務となると、難しいことが多いのではないのでしょうか。メンバーにはマニュアルを作るなどして属人化しないように伝えますが、わたしの経験からすると、一番属人化しているのは、管理職の業務だと感じます。ですので、予算管理についても、引継書やマニュアルといったものがあればラッキーと考えましょう。

② 提出物やコメントは3か月分に目を通す

　すでに述べたとおり、経理部門に提出する内容のポイントは、実績と前期・予算との差異金額についてコメントすることにあります。ですので、提出物のフォーマットも、それらの金額が表示されている横に、コメントを記入する欄が設けられていることがほとんどです。つまり、**皆さんのゴールは、このコメント欄を埋めること**と言って良いでしょう。

　そこで、**管理職になったばかりの皆さんは、過去の資料を入手して、このコメント欄の3か月分について目を通してみましょう**。

　そして、どのぐらいの内容や分量を書いているのかを把握します。コメント欄の大きさ次第ではありますが、こうしたことも過去の例から知ることができます。

　また、**ここでどのような用語を使っているのかも併せて確認します**。自部門の専門的な内容の場合、専門用語のままでは分

かりづらいかもしれません。どのように表現しているのかを把握しましょう。

　すでに説明したとおり、何度も同じ説明が出てくることがよくあります。そのため、すでに過去に使った表現があれば、そのままコピー＆ペーストしてしまいましょう。この対応で済むよくある例の1つに、「月ズレ」があります。これは、例えば予算では7月に実施しようと思っていた広告宣伝が11月に延期になったため、7月の月次決算では予算と実績の差額が生じたという現象を指します。仮に、同様の案件が予算では9月にも予定されていて、これも11月に延期になったということであれば、9月の月次決算の差異コメントに、7月のコメントを転用することができます。使えるのならば遠慮せず、「前例踏襲」主義で効率的に進めましょう。

　また、ここでも、コメントの内容に分からないものがあれば、分かる人に確認します。このとき、**あえて自分の部門の人（上司または部下）と、経理部門の担当者の双方に聞いてみても良いでしょう。回答を比べて、前任者が経理にどのように説明していたかを知ることができます**。というのも、予算管理においては、経理部門にはまだあえて詳しく説明しない場合や、微妙なニュアンスが存在する場合があります。そのようなものの存在を把握することができますので、余裕があれば両者に聞いてみるのが良いと思います。

③ 3か月はゼロから学ぶ期間に

　過去の3か月分をこのように復習したうえで、ぜひ続く2か月分の月次決算に挑戦してみてください。着任から3か月程度の間は、部門内でも他部門からでも、「はじめだからしょうがない」と、管理職といえども分からないことに失敗したり質問したりすることが許されやすいものです。今だけがチャン

スです。

　自部門のメンバーに対しても、分からない差異があれば、都度確認しましょう。はじめのうちは、「そんなものか」と言われたとおりに書いていても、自部門の業務の知識がついてくると、「メンバーの説明は、なんかちょっと違う気がする」など、鵜呑みにできない疑問が出てくるようになります。

　そうなったら、自分の納得が行くまでコメントを検討するように切り替えれば良いのです。**はじめから満点を取る必要はありません。しかし、はじめは前例踏襲でも、少しずつ切り替えてブラッシュアップするというのは忘れないでください。**

　このように3か月程度頑張って進めてみると、皆さんは過去の3か月分も含めて、合計6か月分の月次決算の内容を理解したことになります。そして、月次決算の対応方法も身についたうえに、自部門の決算数値についてもかなり理解が進んでいることでしょう。

　決算はやはりお金のことなので、管理職にもなると責任が発生します。少しずつで構わないので、予算管理の取っかかりとして、月次決算をまずマスターするようにしましょう。

1

月次決算

③ 月次決算で やるべきこと

> 　月次決算を無事にクリアしたものの、荒谷さんは釈然としません。管理職としての業務が満足にできなかった悔しさもありますが、それ以上に経理への不満がくすぶっています。
>
> 　「締め切りが2日後の依頼なんて……月次決算が大事なら、もっと早く言ってくれよ」
>
> 　何とか切り替えようとしましたが、経理への愚痴はなかなか止みませんでした。

1 月次決算は自社の将来のためにある

　ここまでは「とにかく月次決算にどう対処するか」という話をしてきましたが、そもそも月次決算はなぜ行うのでしょうか。それは一言で表せば、会社の進捗管理です。年度はじめに立てた予算が達成できるかどうかを進捗確認して、必要であれば早期に手を打つための情報として活用するためです。

　意外に知られていないのですが、**月次決算を行うことは、法律や制度による義務ではありません。それでもほとんどの会社が月次決算を取り入れているのは、自社の事業のために月次決算が必要だからなのです。**

　会社は予算を目標として事業を行います。しかし、いざ年度末近くになって予算が達成できなさそうと分かっても、急に挽回することは難しいので、なるべく早く状況が分かるよう、定期的に状況を確認します。これが月次決算です。したがって、**月次決算の本当の目的は、過去ではなく、未来にある**と言えます。

例えば、すでに紹介した「月ズレ」を考えると、結局タイミングが変わっただけという話になってしまい、月単位で捉えることの意味は少ないと感じる方もいるでしょう。ですが本来は、ここまでの進捗を参考情報として捉えたうえで、最終的に今後の見通しも含めてどうなりそうかを考え、何か取るべき行動があるかを検討する機会にすべきなのです。

　とすると、勘の良い方はお気づきでしょうが、皆さん管理職が、月次決算の際につかまえるべき情報は、過去のことだけではありません。今後の費用にどのような影響があるのかなど、将来に向けた情報も併せて集める必要があるのです。手間がかかると思われたかもしれませんが、むしろ逆です。月次決算をきっかけとして、過去だけでなく将来についても一緒に確認しておけば、改めて質問されることはありません。つまり**月次決算を活用して、予算管理を効率化できるチャンスにする**のです。

2 「比べる」ことで進捗をつかまえる

　月次決算は会社の進捗管理と言いましたが、実際のところ比較を通じてこれを実現しています。つまり、2つの数字を比べることで、状況を把握するのです。

　すでにお話ししたとおり、月次決算では、予算管理の観点から、今年の実績と前期、実績と予算の2つが比較されます。これに加えて業績見込（詳しくはChapter 2で扱います）と実績との比較も、多くの会社で行われています。合わせて3つの比較を、月次決算のたびに行うのは珍しくありません。

　比較というのは、予算管理をはじめ、会社の数値管理全般の鉄板技です。例えば、今年の実績だけでは、それが多いのか少ないのか、長年の動向を知っているベテラン管理職以外ですぐに答えるのは難しいでしょう。しかし、参考になる数字と比較して差異に注目することで、動向に詳しくない人でもその増減

1

月次決算

を通じて理解することができます。新任管理職であっても、比較を取っかかりとして、どこが検討しなくてはいけない項目なのかについて目星をつけられます。

「分析とは比較である」という言葉がありますが、まさにそのとおりだと思います。**予算管理や管理会計というと、「経営指標の分析をしなくては」と固く考えがちな方も多いのですが、単純な引き算で計算できる比較で十分です**。差異を取っかかりとして、数字自体よりも、その裏側にある事実をつかまえることに注力しましょう。それこそが、皆さんが管理職として、部門を代表して経営陣に届けるべき情報なのです。

③ 差異は2W1Hを押さえよう

差異がある項目についてまず押さえるべきなのは、**WHERE（＝どこで発生しているか）です**。例えば、広告宣伝費で多額の差異が発生していたとします。広告宣伝といっても媒体はいろいろありますので、新聞広告、電車やバスなどの交通広告、路上の看板など、どの媒体で発生したのかまでを、もう一段深く突っ込んで押さえましょう。

続いて、**WHY（＝それがなぜ発生したか）も重要です**。「キャンペーンの認知度を上げるために予定よりも大きな広告を出したため」など、その理由まで確認します。WHERE は経費処理や仕訳情報を通じて経理部門でもある程度つかめるものですが、この WHY は、部門の皆さんでなくては答えられない情報です。つまり、これこそ経理部門が知りたい情報と言えます。

さらに、**ぜひ予算管理の観点から押さえてほしいのが、HOW（＝将来がどうなるのか）です**。その結果、例えば「来月以降の売上が 10％ 上がりそうなのか」や、「予定していた別のキャンペーンの広告宣伝費を削るのか」など、将来に影響があるかについても確認するようにしましょう。この HOW の

情報も、自部門でしか把握できないものです。これは、「月次決算では将来方向の情報も把握しましょう」と言ったことと符合します。改めて、差異は単に過去のものではなく、将来の業績につながるチャンスを持っていると言えます。

④ 経理への対応

「それにしても、課長になったら急に経理とのやりとりが増えた気がする」

荒谷さんにとって経理とのこれまでの関係は、経費の処理や請求書の締め作業で、月末・月初でやりとりする程度でした。しかしこの約1か月は、毎週のように経理担当者と会話や打ち合わせをしていました。また、ときには営業しか理解できなそうな専門用語を聞かれたりもしています。

「経理が聞いて理解できるのかな？」

荒谷さんは首をかしげました。

⒈ 経理の依頼は経営陣からの依頼

着任直後から、いきなり月次決算で細かく質問してくるので、経理部門に対して嫌悪感を抱く方がいるかもしれません。しかし、月次決算の本当の依頼者は、経理部門ではなく経営陣だということを理解されているでしょうか。やりとりが多くなるため、どうしても目の前の経理部門から依頼されている気になりがちですが、**経理部門はあくまでも経営陣の代理として動いているだけです。**

月次決算の結果というのは、どの会社でも、月の半ば頃、経営会議や取締役会で経営陣に報告されます。毎月の議題に必ず含まれ、定点観測されているのです。前述のとおり、予算・実績との比較資料が提出され、差異の金額が大きいところを中心に財務担当の役員によって説明されるのが一般的な進め方で

す。それを受けて、経営陣が質問を行います。

　ということは、**経理部門に出しているコメントといえども、最終的には経営陣が理解できる内容を記載する必要があります。そしてそれ以前に、その内容について経理部門にも理解してもらう必要があります。**

　もちろん、すべての差異が説明の対象になるわけではありません。金額の大きいものが中心にはなりますが、コメントの書き方を工夫するようにしましょう。

② 経理が気にする差異

　経理部門が皆さん管理職に質問するのは、金額が大きい差異が中心です。それ以外にも、経理部門がよく聞いてくる点があるので、確認しておきましょう。

　ここでは、予算と実績を比較する場合を想定します。

　経理部門は、「有利差異」よりも「不利差異」を気にします。有利差異とは利益が増える方向の差異、不利差異とは逆に利益が減る方向の差異のことです。不利差異は例えば経費なら、予算よりも実績が超過した場合に発生しますし、売上が伸び悩んだ場合も同様です。会社経営にとって、利益を上げることは重大な使命なので、それが逆に減っていることに関心が向かうのは、当然と言えば当然です。つまり、利益が減るという悪い情報について、経理部門はその理由などを丁寧に確認したがります。

　また、**経理部門は「一時差異」よりも、「永久差異」があることを喜びます。**すでに説明した「月ズレ」は、費用の発生する月がずれるものの、年間通してみると発生することに変わりはありません。とすると、予算に対する影響も変わらないのです。このように、タイミングがずれる差異を「一時差異」と呼びます。一方、何らかの理由で今年は発生しなくなった費用

などを、「永久差異」と呼びます。具体的には、延期が来年度までずれていった場合などです。会社は予算の達成を目指していますから、その観点で言えば、（来年度への先送りとはいえ）今年度の費用が発生しなくなる「永久差異」のほうが喜ばしいと言えます。

　なお、実務として**毎月のように一時差異が発生していると、経理部門は警戒しはじめるので注意が必要です。とくに一時差異が多額の場合、経営陣への報告の中でも目立ちますから、その部門は予算管理がきちんとできていないという印象を社内に与えかねません。**

差異の種類

視点	差異の種類	意味	経理の反応
利益	有利差異	予算よりも利益が増える場合（費用が減るなど）	普通
	不利差異	予算よりも利益が減る場合（費用が増えるなど）	気にする
時点	一時差異	費用の発生する時点が、同じ年度内で変わった場合（予算で予定していた月より遅れるなど）	普通（度重なると、気にする）
	永久差異	予算で予定していた費用の発生がなくなった又は別の年度になった場合	喜ぶ

③ 差異あるところにアクションが必要

　一時差異がたびたび発生している場合、予算を作る際の検討が不十分だった可能性があります。もしそうなら、予算を作る際の情報の集め方を見直さなければなりません。もちろん、中には予測不能のものもあるでしょうが、そうではない人為的なものも含まれていることが多いのです。この場合の差異は、そ

の発生原因が予算側にあると言えます。

　一方で、実績側に原因がある場合もあります。**実際に経理部門がもっとも気にする差異は、「請求書処理漏れ」です**。月末までにモノが納品されていたら、経理のルールでは費用にする必要があります。しかし、その処理に必要な請求書が相手先から来ていないため、費用として上がっていない場合があります。これはルール違反なので、実績側を直す必要がある差異なのです。

　このことから何が言えるかというと、**差異あるところ、必ず何か対応するためのアクションが必要ということです**。予算の作り方の話であれば、翌年度の予算作成の対応になるので少し先の話ですが、請求書の処理漏れであれば、原則今月の決算か、それが無理なら翌月までには必ず対応する必要があります。このようにスピードはさまざまですが、アクションが必要という点では共通なのです。

4 単月だけ押さえれば累計作業は不要

　毎月用意される、差異が計算された提出資料には、単月と累計の2種類がある場合があります。例えば、年度はじまりが4月、今は10月中旬で9月の月次決算中としましょう。このとき、9月分だけの数値を単月と呼び、4月から9月までの期間合計の数値を累計と呼びます。

　2種類あるから、作業が倍になるのではという心配は不要です。**累計は、単月を合計したものです。つまり、これまでの単月の提出資料を見れば、差異の原因は把握できるはずです**。したがって、2種類ある場合でも、**単月の差異の検討に力を入れるようにしましょう**。もちろん、今回の単月にも、以前と同じ差異原因が表れている場合もありますので、その意味でも活用することはできます。

⑤ 経営者と 上司の目線

> やりとりに関しては、経理部門とのほかに、上野支店長とも話す機会が多くなっていた荒谷さん。
>
> 確かに直属の上司ですが、荒谷さんが一般社員の頃と比べ、直属の上司と部門や事業についてここまで話した記憶はなかったように思われます。
>
> 「支店長も結構予算について聞いてくるからなぁ」

1 上司と経営者が対応する場面に備える

月次決算において、管理職の皆さんが提出して経理部門がまとめた資料をもとに、経営会議や取締役会が開催されるのは、月の中旬から下旬にかけてです。経営会議や取締役会には、皆さんの上司が出席するかもしれません。これら会議の場で、もし皆さんが資料に書いたコメントに対して社長から質問されたとしましょう。これに回答するのは、この会議に出席している皆さんの上司です。ということは、**あらかじめコメント内容について、上司にはある程度理解しておいてもらう必要があります**。そうでないと、皆さんの上司が適切な回答ができずに大きな恥をかき、部門全体の評価まで落としかねません。

あらかじめこうした場面を想定して、コメントの表現を決めたほうが良いでしょう。月次決算のコメントについて、経理部門の担当者が分かるレベルをつかむよう前述しましたが、一方で決して経理部門の担当者が分かるレベルだけを考えたコメントを書いてはいけません。あくまで、これを使うのは経営陣で

すから、社内で一般的に使われている表現を踏まえて、簡潔にコメントするようにしましょう。そうすることで、経営陣と上司が対峙する場面でも、コミュニケーションがスムーズになります。とくに、皆さんが不在の場で利用される資料ですから、皆さんは臨機応変にフォローすることができません。ぜひ資料の最終利用者を意識してコメントしてください。

② すでに報告した内容との整合性に注意

上司の立場からすると、気になることがあります。それは、自分がすでに経営陣に報告していることとの整合性です。各部門のトップは、社長に対して毎月月初あたりに、前月の結果報告を行うことがよくあります。例えば、営業部門であれば、売上金額、販売単価、販売件数、製品別内訳などが報告されることでしょう。KPI（Chapter 5 で詳述）を設定し、定期的に報告しているものがあるかもしれません。当然これらについては、部門の管理職である皆さんもよく内容を理解しているはずです。

そこで、これらの**すでに報告した数値を踏まえ、今回皆さんが月次決算でコメントした内容との関係を整理しながら、上司と共有しておきましょう**。かつて、わたしが経理部時代に驚いたことの１つに、営業部門の役員から「受注金額は多いのに、売上がそんなに多くないのはなぜか？」という質問が出た、というものがあります。実績数値である売上には、まだ納品していないものは含まれませんので、受注しただけでは反映されないのです。このルールを知らないのであれば、もちろん数字が整合しないように思えますが、仮にも営業部門の役員として売上の実態を知らないことは問題です。

皆さんの部門内で日常よく接しているのは、KPIだと思いますので、これらのコメントをひもづけて説明できるように、まず自分自身で理解することが大切です。

③ 今後の見通しや対応策まで先読みする

　経営陣には、月次決算の報告を聞きながら、とても気にしていることがあります。それは、「これからどうなっていくか」ということです。

　例えば、最低賃金が改正され、10月のアルバイト給料が予算より実績が上回ったという報告をしたとしましょう。このとき、必ず聞き返されるのは、「通期ではどのくらい影響するのか？」という質問です。10月単月でどれだけ影響あったかも、もちろん大事な情報ですが、過去のことは変えられません。とすると、影響が積み重なっていく今後のほうが気になるのです。また、消費税増税で消費が低迷して売上が落ち込んだ場合、「増税の影響からどのくらいで抜け出せそうか？」と聞かれるかもしれません。

　「コメントは差異の内容や原因について書こう」という話をしましたが、経営者の目線で考えると、実は不十分なのです。もし今後にも影響が続く話なのであれば、当然会社はそれに対応していかなくては利益が上げられません。利益の挽回について、「すでに、このままだとこのぐらいの打撃があると理解したので、こういう手を今打っておいて、それで影響はカバーできると思っています」くらいの説明ができれば完璧でしょう。皆さんが管理職である以上、経営者の視点に触れられることはチャンスでもありますので、ぜひその第一歩として「先読み」をするようにしましょう。

Chapter 1

⑥ 部下との コミュニケーション

> 「経理部門や上野支店長に問われる以上、営業課の状況はある程度頭に入れておかねばならない」と、荒谷さんは考えるようになり、営業課のメンバーとも積極的に話をするようにしました。
>
> 営業を天職と考えていたくらいですから、荒谷さんにとって話すことは苦ではありません。そうしてメンバーと話をしていくうちに、いつしか荒谷さんは経理部門や支店長と話す内容もメンバーに話すようになっていました。

① 経理のためではなく、自分たちのために

月次決算のコメント記入を、経理に依頼されてから質問されている部分だけ行うという管理職もいますが、これはもったいないことです。やはりお勧めは、あらかじめ自分の目でPL（損益計算書。売上と費用を、勘定科目という項目ごとにまとめた決算書の1つ）全体を眺めてみて、気になる数字を調べるというやり方です。

PLと聞くと「やっぱり会計知識が必要じゃないか」と身構える方がいるかもしれませんが、PLにある数字は基本的に業務のお金を数字化したものなので、何の案件かは何となくでもイメージできると思います。それに数字からイメージして実務を調べることは、業務に関するお金の数字化を逆算する作業とも言えます。それくらいなら、会計知識へ大して踏み込まなくても大丈夫です。

PLから気になる数字を調べてみることで、理解が深まるの

1

月次決算

はもちろんですが、**それ以上に予定をスムーズに運べるようになります**。どういうことかと言いますと、月次決算について質問してくる経理部門の担当者は、月次決算関連で多くのタスクを抱えているため、皆さんへの質問が遅くなる傾向にあります。すると、今日依頼してきて「明日までに回答ください」といったこともザラです。しかしそれでは、皆さんの本来の業務に支障が生じてしまいますので、あらかじめ自分たちのペースで進めておくカタチとするのです。このことは、「月次決算のスケジュールを確認しよう」と言ったこととも関連しています。

　また、これにより、**もし差異の発生について何か大きな問題が生じていても、あらかじめ手を打つことが可能になります。加えて、説明の仕方についても工夫できます**。そのような余裕ある対応を取るためにも、経理部門に言われてからでは遅いと考えてください。

② 月次決算用の独自フォーマットは必要ない

　このようにお伝えすると、気合が入った管理職の方は、独自のフォーマット資料を作って細かく検討されるかもしれません。しかし、**必ずしも部門独自で何か資料を作る必要はありません**。経理部門にいつも提出しているフォーマット資料で大丈夫です。資料を別途作るというのは、手間がかかるものです。とくに、数字が多く入った資料の場合には、2つの資料の数字がミスによってずれやすくなるリスクがありますので、とくにお勧めできません。**チームメンバーの意識づけのためにも、経理に出している資料をそのまま部門の定例会議の資料に含めて、簡単に説明すると良いでしょう**。そうすることで、メンバーも、「差が生じると大事になるんだな」ということが少しずつ意識できると思います。とくに、部門への影響の大きい差異が生じた場合には、この資料を見ながら説明すると効果的です。

同様に、上司に報告する際にも、同じ定型資料を使えば大丈夫です。上司は経営会議などでまた目にするでしょうから、あらかじめ同じ形式のものを見てもらえれば理解しやすいと思います。何か補足したい場合、部内共有の目的ならば手書きで欄外に記入しても良いのです。このように**手を抜けるところでは、手を抜くようにしてしまいましょう**。

③ メンバーの知識と経験をフル活用

　管理職としてよく言われることに、「チームメンバーの得意・不得意を把握しましょう」というものがあります。これをぜひ、**月次分析の差異コメントでも取り入れ、メンバーの得意分野を活用してみてください**。

　この部門に来て長いベテランメンバーは、過去の経緯に詳しいことでしょう。また、人間関係構築が得意なメンバーは、取引先へ気軽に内容確認をしてくれるかもしれません。さらに、システム利用に強いメンバーは、実績数値の内訳を出力して数字を追いやすいでしょう。このように、それぞれの経験やスキルを活かせば、差異コメントは埋めやすくなります。注意が必要なのは、必ずしも得意なことと、現在の担当業務が一致しているとは限らないことです。そのため、はじめのうちは、メンバーの得意なことを把握するのが難しいかもしれません。そんなときは、まずベテランメンバーを頼ると良いと思います。とくに自分がその部門の業務に詳しくない場合には、それが近道です。「お詳しそうなので」などうまく立てて、教えてもらうようにしましょう。

　業務知識がなくても、数字に関するスキルでカバーできることもあります。例えば、「売上が伸びたのであれば、販売手数料も増えると思うんだけど、なぜ減っているのか」というように、自分が考える数字のロジックをもとに質問して、知識を身

につけていくのも1つです。

　管理職の皆さんはただでさえ時間がないのですから、**メンバーと接する機会をうまく活用しながら、差異コメントを作成していきましょう。得意・不得意やこれまでの経験を把握したり、信頼関係の構築につなげたりすることもできます**。部門のマネジメントと予算管理の一石二鳥を目指しましょう。

4 月次決算は、もっとも部下が関わりやすい

　予算管理について部下たちチームメンバーにも関わってもらう場合、順番が大切ですが、必ず月次決算からはじめてください。業績見込や予算の作成からスタートするのは避けたほうが良いでしょう。その理由は、すでにお話ししたとおり、見込や予算はバーチャルなものだからです。将来の数値ゆえに答えがありませんので、扱いづらく、メンバーにも分かりにくいのです。しかし、月次決算で問題になるのは、実績数値です。つまり、納品したとか何かを買ったという事実にもとづいたものですので、メンバーにも分かりやすいものになります。請求書や納品書といった伝票などがあることも多いので、説明のサポートにも使えます。

⑦ 少し慣れたら予算をかじってみる

　こうして荒谷さんの管理職1か月目が終わろうとしていました。

　営業課長として、もっとバリバリ現場に出たいと思っていましたが、部門と事業の把握に専念せざるをえなかった10月でした。

　個人としての営業活動は今一つだった荒谷さんでしたが、同時に新たな発見もありました。この1か月の経理部門、支店長、営業課のメンバーとの対話によって、一般社員時代は気づかなかった営業部門の実態も知ることができたからです。

「昇進すると、やっぱり目線って変わるんだ」

　しみじみ思う荒谷さん。

　しかし予算管理との戦いは、まだはじまったばかりです。

① 予算にも少し目を向けてみよう

　ここまでは、まずは実績数値に目を向けようという話をしてきました。つまり、月次決算の対象である実績数値が中心になります。また、よく行われる3つの比較（前期比較、予算比較、見込比較）のうちでいえば、前期比較が主な取り組みの対象にするのも良いかもしれません。なぜ前期比較が対象にしやすいかといえば、どちらも実績数値でリアルな数値ゆえに、背景にある事象を確認しやすいためです。

　そして、**月次決算を行って少し慣れてきたら、管理職の皆さんにはぜひやっていただきたいことがあります。それは月次決算を通じて、予算の実態について理解することです**。予算はバーチャルなものなので、把握しづらいと話しましたが、実績の数

値を引き合いに出しながら比べることで、よりその実態をつかまえやすくなります。

　例えば、予算と実績に差異が生じている場合、予算の内訳と実績の内訳を比べてみましょう。予算の内訳に目をやると、「社長がXX円と言ったから」と、いわゆるトップダウンで決められていることがあります。その良し悪しはともかく、これを知ることで、前回の決め方を知ることができます。もし可能なら、どのような経緯でなぜそうなったのかを関係者に確認できれば、なお良いでしょう。

　実績数値と比較することで、予算をどのように決めれば良いのかが分かります。例えば、広告宣伝費であれば媒体別なのか、取引先別なのか、対象製品別なのか——多くの場合、何らかの区分により内訳を作成するのが良いでしょう。

② 主な案件の対予算の状況も把握しよう

　主な案件だけで良いので、個別の案件について、予算金額内で実施できているのかを確認するようにしましょう。「別のタイミングで」と思っても、そのために十分な時間を取るのは容易ではないと思われます。月次決算のときに、差異の原因になっていた勘定科目に含まれる案件や気になった案件から確認する程度で、まずは良いと思います。これも大切なのは、将来の見通しを確認することです。今後どうなっていくのかについて、定例会議などを通じて、自部門の担当者に確認するようにしましょう。

　皆さんが気になる案件というのは、おそらく今後問題になるものだと思われます。そうなったときに慌てなくて済むよう、あらかじめ把握し、必要であれば手を打っておくことが大切です。

Chapter

2

業績見込

11月

　11月—管理職2か月目の荒谷さんは、業務の合間に10月の月次決算の分析を進めていました。月次決算は毎月あるので、言われてからよりも先に動いてしまったほうが後々楽だと思ったからです。

「定期的な発注については先月で大体把握したし、今月はこのくらいかな？　どうせ後で数字は見直すし、細かい内容はまだいいや」

　まだまだ数字への苦手意識は強いですが、彼なりのやり方で進めていました。

　そんな11月のある日、経理からまたも一通のメールが。

「月次決算の連絡にしてはちょっと早いような？」

　慣れてきたこともあって少し余裕の出てきた荒谷さんでしたが、メールを見て固まってしまいました。

《予算達成に向けて、下半期（10〜3月）の業績見込を予測してください—》

① 予算管理の 全体像を押さえる

てっきり月次決算の連絡だと思っていた荒谷さん。今度は実績ではなくて予測、しかも数か月先までの予測について求められてしまい動揺が隠せません。

「事業の業績は大体分かってきたけど、いきなり3月までの半年分なんて……待てよ？」

再び頭を抱えそうになった荒谷さんでしたが、ここでふと、課長昇進直後に目にした予算管理のデータファイルについて思い出しました。

① 予算管理のスケジュールを押さえよう

Chapter 1 で触れた月次決算は、その名のとおり、毎月行われる予算管理のイベントでした。予算管理の代表的なイベントにはこれ以外に、業績見込の作成と予算の作成があります。

業績見込の作成の頻度やタイミングは、会社によって異なります。もっとも一般的なのは、四半期ごとに約2週間かけて行われるケースです。つまり、年4回行われます。 なお、予算の作成は年に1回、年度終わりに2～3か月かけて行う会社が大半です。

次ページの図表を見てみると、年の後半である下期に、予算管理関係のイベントが集中しているのが分かると思います。これは、予算作成が翌年度はじめに向けて行われるためです。また、下期になると今年度予算を達成するため、改善の取組みを行うことも増えてきます。この2つの理由で、予算管理の仕

事は下期が忙しいということをイメージしておきましょう。

　本書では、皆さんが管理職に着任して一番はじめのイベント
は、月次決算であろうということで、まずは Chapter 1 で月次
決算を見てきました。Chapter 2 では、続いて直面するであろ
う業績見込について見ていきたいと思います。

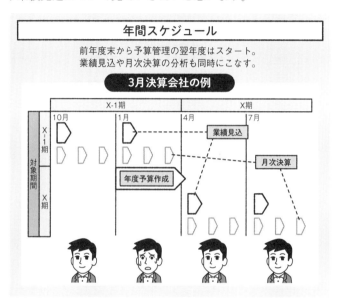

2 予算と業績見込は異なるもの

　予算というものは、前年度の終わりに作ったものなので、ど
うしても時間が経つにつれて、実態と合わないところが出てき
ます。そこで、**最新の情報をもとに、改めて今年度の業績はど
うなりそうなのかをまとめたものが、業績見込です**。業績見込
については、会社や組織によって呼び方はさまざまで、予測や
予想、英語でプロジェクションあるいはフォーキャストと呼ぶ
ところもあります。

② 業績見込の目的

以前、前任者の資料を探していたとき、『予算管理』のフォルダにいくつか入っていたことを荒谷さんは思い出しました。改めてフォルダをのぞいてみると、その中に『業績見込』と書かれたデータファイルを見つけました。ただ、荒谷さんには気になることがあります。「予算達成のためには、月次決算の実績だけじゃダメなんだろうか?」

---

1 業績見込は乗換え案内と同じ

業績見込と言われてもピンと来づらいと思いますので、日常的な例でまずお話ししましょう。**業績見込は、わたしたちが移動のときに使う「乗換え案内」のようなものです**。皆さんが外出するときに、乗換え案内のアプリや Web サイトなどを利用されることも多いと思います。それはなぜでしょうか。プライベートでも仕事でも、多くの場合、到着していなくてはいけない時刻が決まっているでしょうから、それに確実に間に合うようにするためですよね。行き当たりばったりで出かけてしまうと、うまく乗換えができなかったり、運転見合わせに出くわしてしまったりと、予定の時刻に到着できなくなってしまうかもしれません。

このような事態を防ぐために、最新の運行情報と実際のダイヤをもとに、乗換え案内で検索してみます。その結果、もし当初考えていたルートでは待ち合わせ時刻に間に合わないことが分かれば、ルートを変えたり、早く出たりと行動を変えること

で、最終的に目標の時刻を守れるようになります。

　つまり、**いざ行動するときには、その時点での最善は何かについて、具体的な情報を使って確認したほうが良いということです**。

② 業績見込の位置づけ

　乗換え案内と同様に、会社にとっての最新情報を集めて業績を予想するものが、業績見込です。今度は「待ち合わせに遅れないように」ではなく、会社の業績を「成り行き任せにしない」ことに役立ちます。会社の業績を「成り行き任せにしない」というのは、最初にお話しした予算管理の目的でもありました。「成り行き任せにしない」というのは、多くの場合、「予算が達成できるようにする」とも言い換えられます。予算についてはまだ詳しく解説していませんが、会社にとっては、達成したい目標のことだと思ってください。

　つまり**業績見込は、目標である予算の達成可能性を上げるためのツール**と言えます。**予算は、会社が1年かけて達成したい目標のことであり、一方の業績見込は、客観的情報をもとに、現時点でたどる可能性がもっとも高いと考えられる「中立的」な予想です**。

　この目標を達成するために、手間ヒマはかかりますが、業績見込をときどき作成して、目標との距離感を把握します。そして目標との距離に応じた対策を練り、実行していくことで、目標達成を目指します。

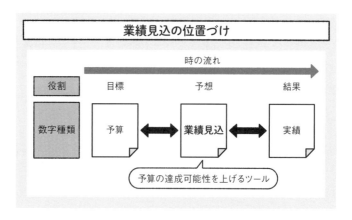

業績見込の位置づけ

時の流れ

役割	目標	予想	結果
数字種類	予算	業績見込	実績

予算の達成可能性を上げるツール

③ 業績見込に熱心に取り組む上場会社

　月次決算や予算策定を行う会社は非常に多いものの、予算管理の中で業績見込を作る会社は、実はそれほど多いわけではありません。業務の手間がかかるというのもあるのですが、それほど必要性を感じていない場合もあるようです。

　そんな中、**どのような会社がもっとも熱心に業績見込を作っているかといえば、やはり上場会社です。**

　上場会社の場合、外部に「業績予想」を発表しています。これは、社外に達成を約束した目標の色合いが強く、予算の一種だと思ってください。株価などへの影響を考えると、できる限り予算目標を達成したいというモチベーションが強いのです。そこで主に四半期の頻度で、業績予想で発表した売上や利益が本当に達成できそうなのかを確認するために、業績見込を作成して必要なら改善のためのアクションをとります。

③ これまでの
やり方を知る

荒谷さんは『業績見込』と書かれたデータファイルを開いてみました。

そこには、『月次決算』とは比べ物にならない量の数字やグラフが並んでいました。予算管理に関わって耐性はある程度できてきたものの、まだまだ数字への苦手意識はあるので目がくらみそうです。

「ゆくゆくは慣れていかないとなぁ」

荒谷さんは思わずため息をもらしました。

---

① まずは前回資料で前例踏襲

業績見込にはいろいろな作り方が考えられ、さまざまな数値がありえます。すでに述べたとおり、見込・予算の世界はバーチャルなので、明確な答えというものがありません。したがって、**はじめての業績見込においてもっとも効率的なやり方は、前例踏襲**ということになります。皆さんの中には、そろそろ業務も分かってきて、前例踏襲でのやり方で進めているうちに、「あれ？」と気になることが出てくるかもしれません。それでもまずはいったん、その疑問をメモする程度にとどめておいてください。それを解消するのは、次回の業績見込の作成時でも遅くはありません。

これには3つ理由があります。1つ目は、多少身についてきたとはいえ、現在の業務知識では、まだ自分のやり方で作成するのは時間がかかります。各部門が業績見込の作成に費やせる

時間は、月次決算よりは長いものの、それでも多くて1週間程度です。そのうえ月次決算よりも広い範囲を確認しなければならないため、不慣れなうちは手を広げるべきではないのです。2つ目は、これまで行ってきたやり方にも何か理由があるはずです。その理由を理解せず、急に変えようとすると何か問題が起きるかもしれません。また、既存のメンバーからすると、自分たちのやり方を否定されたような印象を与えてしまうおそれがあります。3つ目は、新しいやり方で業績見込を作成し、それが今後の月次決算などとの実績値と大きく乖離した場合、新任管理職としての皆さんの立場が悪くなるかもしれません。知識が十分にあり、自身の見込に強い自信があるわけでなければ、なるべく余分なリスクを負わないためにも、**まずはまねることに徹します**。

② まねて学んでから改善へ

　まねるだけと言っても、押さえるべきことはたくさんあります。誰からどのような資料をもらうのか、その資料はいつどのように作られるのかなど、実績以上に深い業務知識を身につけていくことになります。

　それまでのやり方でやってみて、実績値と差が出た場合、そのやり方に内心疑問を持ちながらやっていたのであれば、それが改善点につながるでしょう。どのあたりが問題なのか、どうしたら改善できるのかの目星がついていればなお良しです。さらに、従来からのやり方で生じた差異であれば、おそらくこれまで問題視されていなかったと考えられますので、この程度の差異なら問題ないという感触がつかめるものと思います。皆さんにとっては、そこからが本当のスタートです。**まねて身につけた業務知識や情報をもとに、次回以降の改善点にしていき、自分の成果を出す機会にすると良いでしょう。**

④ 見込作りの ポイント

前回の『業績見込』を見ていた荒谷さんは、月次決算と同じく、業績見込も前回を参考にして作ることにしました。しかし売上の見通しなどの各数字について、さすがに営業課全部の案件を把握できているわけでもないので、1人ではできそうにありませんでした。

1 ヤマ勘で作ってはいけない

業績見込を作る際には、ぜひ既存の仕組みや業務を活用するようにしましょう。例えば、営業であれば定期的にチームメンバーの売上見込を部内定例会議で報告することがあります。それなら、その数字を業績見込の作成にも転用するのです。

ここで問題になるのが、**メンバーそれぞれが持つ温度差（＝数字に対する姿勢）**です。メンバーの中には慎重派もいれば楽観的な人もいるでしょうから、出してくる数字の程度は人それぞれです。したがって、報告された数字をそのまま合計すると、部門の見込としての確度が不十分ということが起こりえます。

ですので実際には、ここで**出てきた数字をもとに、必要に応じて管理職の皆さんが調整を加えることになります**。結局は管理職のほうで調整して作成するのであれば、ゼロから自分で数字を検討したほうが早いと思われた方がいるかもしれません。しかし、それでは予算管理の実務が膨大になり、多くの時間と労力をかけることになってしまいますし、何よりメンバーたちから情報を得る意味がなくなってしまいます。

既存の仕組みや業務を活用することに、なぜメンバーたちに

協力してもらって数字を出してもらうのでしょうか。それは、既存の仕組みや業務の当事者である当人たちが現場をもっとも理解しており、彼らなりの根拠や内訳を持って数字を出せるためです。ここで**管理職だけの経験や勘、考えで部門の数字を出そうとすると、その根拠や内訳が曖昧なままになってしまいます**。

　見込や予算において、もっとも避けるべきはブラックボックスになることです。見込を当てることも大事ではありますが、それと同じくらい、**実績が出たときになぜ差が出たのか検証できるだけの材料が求められ、「整合性」が大事になります**。この点を疎かにすると、的確な見込や予算の把握や管理に手間がかかりますし、下手をすると部門内外や経営陣からの信頼を失う原因になりかねません。

　部下たちチームメンバーから出てきた数字について、具体的にどのように調整を行うかについては、次節の「部下からの情報収集」にて詳しく説明します。

② 業績見込を全部見直す必要はない

　業績見込の見直しを依頼された場合、すべての項目について変更がないか律儀に確認する管理職の方がいますが、必ずしもすべてを見直す必要はありません。なぜなら業績見込を更新するのは、最新の情報と状況を反映して、より精度の高い予想を作るためであって、もし変化のない項目がはじめから分かっているのであれば、その手順を省くことができます。

　逆に、必ず見直してほしい項目があります。まず、金額が大きいものです。予算上、予定していたプロジェクト費用の額が大きいとしたら、会社全体の業績に与える影響も大きいので、必ず最新状況を丁寧に確認しましょう。また、ブレやすい項目もぜひ見直しましょう。売上はもっとも代表的なブレやすい項

目です。会社でいくら精度が高くなるように売上予算を立てていても、売上は結局お客さん次第ですので、どうしても目論見どおりにはいきません。売上と連動する費用である、売上原価や販売手数料も同様と言えます。つまり、いずれも**社外に影響される要素が大きい項目というのは要注意**です。

繰り返しになりますが、皆さんが**業績見込の作成に費やせる時間は、多くて1週間程度です。そのため、このような優先順位を決めることが大切です**。限られた時間の中でも対応できるやり方が必要になります。

③ 資料や情報をいつまでも待たない

業績見込の作成に必要な情報や資料をチームメンバーに依頼しましたが、なかなか出してくれないことがあります。このような場合、なるべく早めに代替策を採用するようにしましょう。「明日になれば、もう少し精度の高い情報が出せるので」とチームメンバーが生真面目に頑張ってくれることもあります。しかし実際には、そこまでの精緻さは必要ないということも少なくありません。それはチームメンバーの数字に対する姿勢でも触れましたが、部下であるチームメンバーにとって大事だと思う精度と、管理職の考える精度は異なるためです。

さらに、ヒトによる見積数値というのは、当たり前ですが完璧ではありません。ですので、精度を求めていたらいつまで経ってもキリがないのです。また、日が経てば今日より明日、明日より明後日のほうが、より精度の高い見積もりができますが、それは一部が実績値になり、かつ見積対象と現在地点が近づくので読みやすくなるのは、その性質上当たり前です。極端な話、今月の売上見込を知りたいのであれば、月初に聞くのではなく、月末近くに聞けばより正しい金額が分かります。

しかし、それでは見込を出す意味がなくなります。業績見込

を含む予算管理の目的は、早めに状況を察知してアクションを取ることでした。「見込を当てなくてはいけない」というプレッシャーを強く感じている管理職の方もいると思いますが、当てることは手段であり、本当の目的は行動することです。精度とのバランスを取るのが難しいと思われるかもしれませんが、少なくとも決められた期限に間に合うような進め方をしましょう。

⑤ 部下からの情報収集

> いくら前回の内容を参考にするとはいえ、細かな数字も異なれば、以前と異なる動きをした数字もありそうです。少しの間考え込んだ荒谷さんでしたが、やがて納得した表情になりました。
>
> 「ここも月次決算のときと同じだ」
>
> 荒谷さんは、これまで営業課のメンバーと話してきた業務の進捗を思い出しながら、まだ分からない点はそれぞれに尋ねるなどして、資料をまとめはじめました。

１ 最新の情報を漏れなく入手する

業績見込を作るためにチームメンバーから情報を入手する際、気をつけなければならないことが２つあります。

まずは、**今現在の最新情報を入手する**ということです。業績見込は、現時点での情報を反映して、今後の行動を決めるためのものだと何度もお話ししました。ということは、もとにする情報が古くては意味がないのです。したがって、もしチームメンバーから報告を受けて時間が経っていると感じた場合には、改めて状況を確認するようにしてください。確認が必要かどうかを決める時間の長さは、業種によります。例えば、システム開発を請け負う会社であれば、２～３日の間に受注見込が変わる可能性は低いでしょう。一般に、BtoB の会社のほうが、BtoC の会社よりも、比較的動きがゆったりしています。ですので、具体的に何日というよりも、自部門の業務スピードを考慮して、気になるようなら再度確認するのが良いでしょう。

もう1つは、**情報を漏れなく入手するということ**です。わたしも過去に心当たりがありますが、上司には後で報告しようと思っていて忘れるというケースがあります。また、業績に影響するような費用の増加などは、当然早く把握する必要があります。ですので、メンバー全員へ確実に確認する機会を持ちましょう。例えば、部の定例会議で、「業績見込の見直しのタイミングですが、予定外の費用の発生や増額などありますか」と具体的に聞くようにしましょう。そうすることで、言い忘れていたメンバーに思い出してもらうことができます。

② 正しく情報を伝えられない部下のパターン

　チームメンバーは、費用が増えるなどの場合、その情報を的確に管理職である皆さんに伝える必要があります。しかし、実際にはそれがうまくできないメンバーが少なくなく、そのことが業績見込の精度に影響するケースも、とても多いのです。例えば、本当は変更が必要なのに「前回から変化ありません」と簡単に答えてしまうメンバーもいます。その原因には（メンバーがごまかそうとしているわけでなければ）2種類のパターンがあります。

　1つは、状況が変わっていることにそもそも気づいていないタイプです。自分を取り巻く状況変化に気がついていないために、当然それに関して報告することができません。もう1つは、状況の変化には気がついているものの、それを数字に落とし込めないタイプです。こちらは、報告しなくてはいけないという認識はあるので、とにかく管理職であるあなたに概要を伝えることまではしてもらえるでしょう。

　いずれのタイプも OJT が必要ですが、**OJT を行う場合、タイミングが重要**です。ポイントは、メンバーから出してもらった見込が外れたときです。具体的には、月次決算で実績数値が

出てきたときに、彼らからもらった情報をもとに作った見込と差異が生じたタイミングです。このとき、どうしてそうなったのかを本人に確認しながら、原因を探ります。そのうえで、今後のOJTに活かすのです。

③ 部下の性格と評価制度も影響する

　前に述べたように、慎重な性格のメンバーと楽観的な性格のメンバーでは、同じ状況に置かれたとしても、出してくる数字が違うということがあります。費用であれば、慎重派は多めに見積もるでしょう。そこで、**管理職が会社として業績見込を作る場合、原則は中立的＝もっとも可能性が高い場合を想定します**。そしてメンバーの性格を押さえたうえで、必要に応じて、出してくれた数字に調整を加えるようにしましょう。先ほどの慎重派が出してきた費用の金額であれば、少しだけ減らすというように行います。

　どのようにして性格を把握するかというと、まずは1回、何も言わずに見込を依頼してみるのが良いでしょう。実績が出てから見込と比較すれば、答え合わせになるので傾向が分かるはずです。

　また、**メンバーの出してくる数字には、会社の評価制度が影響する場合があります**。例えば、業績見込を実績がどれだけ上回ったかで人事評価が決まるような場合には、メンバーは費用であれば多めに、売上であれば少なめにすることで、その後の達成がしやすくなるように業績見込の数字をいじりがちです。管理職である皆さんは、どういうプレッシャーがメンバーに影響を与えそうなのかも併せて把握することが必要です。

6 上司の視点

業績見込は半年分もあり、月次決算より必要な数値が多くて苦労したものの、荒谷さんは何とか資料をまとめ終えました。

「計算は合っている、よな？　支店長にも見てもらおう」

データファイルを上野支店長に送ると、しばらくして支店長からねぎらいの言葉と、修正点や情報の漏れの指摘が書かれたメールが返信されてきました。うち1か所は、収支のプラスマイナスが変わるものであり、見込が大きく変わる部分でした。

「あ、危なかった……」

ほっと胸をなでおろした荒谷さん。修正後に念のためもう一度支店長に見てもらい、そのうえで経理部門へ提出しました。

1 作る前に情報収集、作った後に共有

　業績見込に関しては、自分の上司に2回コミュニケーションを取ります。1回目は作成前の情報収集です。皆さんの頭の中にある今回のポイントや注意点を上司と共有し、そのうえで上司からコメントをもらいます。経営陣の間で話題になっていること、例えば、「各部門の交際費の使いすぎが先日経営会議で話題になっていた」などを事前に把握できれば、皆さんは対応を考えやすくなります。

　上司への情報収集は、チームメンバーに数字作成の依頼をしたうえで、同時進行で行っても良いでしょう。本来は「まず上司に聞いてから、メンバーに依頼する」という流れが理想ですが、業績見込の作成に費やせる時間を考えると、順番どおりに

行うことにこだわりすぎないことも大切です。もしメンバーに依頼した内容に影響があるようなコメントを上司から聞き出せた場合、すぐにメンバーに伝えれば問題ありません。

2回目は、経理部門に業績見込の資料を提出する前です。必ず上司とも業績見込の内容を共有しましょう。タイミングですが、経理部門に出す直前というよりは、おおよその数字が集計できた段階が良いでしょう。ここでも、完璧主義は諦めます。一部のメンバーから数字が出ていなかったとしても、主なものが更新できたら、出して見てもらいましょう。

ここでの共有の目的は、経営陣にこの数字を渡す承認を得ることです。経理部門に出すということは、経営陣の手に渡ったうえで、経営会議などで上司が直接質問される可能性があるということです。ですので、**今回の数字のポイントなどを上司に理解してもらう機会を必ず確保しましょう**。

② 説明は、2つの差異と整合性を中心に

提出前の上司への共有では、2つの差異を中心に説明すると良いでしょう。まず、**前回の業績見込からの差異**です。これは、状況の変化によりどれだけ業績が変わるのかを反映しています。もう1つは、**予算と今回の業績見込の差異**です。これは目標にしている予算が達成できそうなのかを示しています。

さらに、**毎月報告している月次決算との整合性も重要**です。月次決算で報告した、すでに影響が出ている事柄をちゃんと反映できているのか、上司は確認したいと思うはずです。とくに、直近の月次決算で話題になったことがあれば、ぜひそれについてはコメントするようにしましょう。

③ 最悪の場合も押さえておく

業績見込は基本的に、中立的＝もっとも可能性が高いケース

について作るという話をしました。一方で、**最悪の場合も押さえておいてください**。これは、ワーストシナリオとも呼ばれます。例えば、「おそらく売上はトータルで月間４億円に届くと思うが、もしすべての事業が不調なら３億円になる可能性もなくはない」ということであれば、売上３億円の場合を想定して各種の数字を計算しておくのです。

　ワーストシナリオを準備するのは、もしその最悪な場合が起こってしまったときに、少しでも早く気づき、手を打てるようにするためです。とくに用意していない場合には、不調になってきたこと自体気がつかないかもしれません。しかし、ここまで数字が落ちたらヤバイという線をあらかじめ明確にしておけば、すぐに気づけます。ワーストシナリオを作るだけではなく、いくつか対応策まで用意しておければ、さらに安心です。

　会社では、これら２つのパターンに加えて、もう１つ楽観的シナリオも作り、３つ用意することが一般的です。ワーストシナリオは下振れリスクに備え、楽観的シナリオは上振れの可能性に備えるものです。しかし、一般的には、楽観的シナリオが現実になった場合、それほど困ることは少ないと思います。それよりは、ワーストシナリオが問題になることのほうが断然多いです。考えたくないかもしれませんが、乗り越えるためには、最悪の想定というのもある程度しておくようにしましょう。

シナリオの種類

種類	意味
楽観的シナリオ	うまくいく場合
中立的シナリオ	もっとも可能性が高い場合
悲観的（ワースト）シナリオ	最悪の場合（下振れリスクへの備え）

Chapter

3

予算作成（前半）

1月

　無事、業績見込を乗り越えた荒谷さん。その後は提出した資料について経理部門からの質問に答え、また11月の月次決算についても無難にこなしました。しかし、荒谷さんにはまだ気がかりなことがありました。

「『予算管理』フォルダの中には、『予算作成』もあった。いよいよ管理職として予算を作るのか」

　武者震いする荒谷さんですが、年の瀬を迎えても経理部門からの連絡は月次決算や経費処理ばかり。予算作成についての音沙汰はなく、その間に営業活動に時間を割けるようになったことで自分の意識からも遠ざかっていきました。

　そして年が改まり——。

《来年度の予算作成について準備をお願いします——》

　経理部門からいよいよ目覚めの通知がやってきました。

① 前回資料を見て 必ず予習

予算作成に関する連絡を受けた荒谷さん。まず行ったことは、前回の『予算作成』フォルダをのぞくことでした。そう、また参考にするためです。

ただ、業績見込はもととなる情報が多かったものの、今回の予算作成では新規案件についても考えなくてはなりません。そのための参考となる情報が欲しいところです。

「そう言えば……確か、今年度の業績見込に対して収益を10％増と書いてあったっけ」

---

① 予算の作成はやっぱり難しい?!

本書ではここまで、他の人が作った予算について、苦労しながら比較してきました。いよいよ、はじめから自分で予算を作る番がやってきました。予算の作成には、これまで見てきた月次決算、業績見込よりも長い時間がかかります。全工程を3か月程度かける会社も多く、中には、4〜5か月かける会社もあります。しかし、実際に各部門の管理職である皆さんが使える時間はそのすべてではありません。長期間ではあるものの、イベントが盛りだくさんなので、**自分たちのスケジュールをここでもしっかり把握することが大切です**。

また、**予算は1年先のことも想定して作成します**。そのため、実績を扱う月次決算や、数か月先のことを予測する業績見込以上に読みづらいものです。情報が限られること、そして人によって判断が異なることから、なかなか数字がまとまらないことも

多いです。

②　まずは自分たちの守備範囲を知る

長期間かかる予算ではありますが、多くの部門で分担するので、皆さんの部門で作らなくてはいけない数字というのは、意外に少ないものです。まずは、**自分たちがどの部分の数字を作らなくてはいけないか、守備範囲を確認しましょう**。

例えば、営業部門であれば、製品別の売上金額と、交通費、交際費の費用の金額といったあたりでしょうか。営業以外の部門ではおそらく、自部門が関わっている費用を担当することになるでしょう。また、会社によっては、売上や費用に関連するKPIまでが対象範囲になることもあります。実際の予算資料のフォーマットを見る前に、「要は何の数字が必要なのか」をまずざっくり理解しましょう。

よく予算管理の本を見ると、各種の予算について丁寧な説明がなされています。販売予算、生産予算、在庫予算、設備投資予算など——しかし、これらの定義や中身について、皆さんは気にしなくても大丈夫です。というのも、**実務では書籍で紹介されているような、一般的な分け方を採用している会社が少なく、経理部門以外の皆さんの予算作成にはあまり役に立たないからです**。

その代わり、予算作成の説明会が経理部門主催などで開催されるのであれば、必ず日程を早めに押さえて出席しましょう。全体像や進め方はもちろん、前述のスケジュール、今回の留意点などが説明されるはずです。予算作成というのは、年に一度ということもあり、毎年試行錯誤でやり方を改善していく会社もあります。最新情報を入手して、無駄なく取り組めるようにしましょう。

③ 前年の資料一式を入手する

　先ほど説明会への出席は必須だと言いましたが、その前に**必ず前年度の自部門における予算資料に目を通しておきましょう**。そうすることで、自部門のやるべきことがおぼろげながらも分かるので、自分に関係ある話を中心に聞くこともできます。また、もし何か気になることがあれば、その場で確認することもできます（説明会の後に個別で確認しても、もちろん OK です）。そして、これは現実的な話ですが、多くの会社は説明会をやる余裕がなかったり、説明会を開催するのが予算作成直前だったりします。とくに新任管理職として今回新たに取り組む場合、それでは準備期間が減ってしまうので、まずは手元の資料で独学することを強くお勧めします。

　前年度の予算の資料については、おそらくデータ形式で部門の共有フォルダに入っていることと思います。まず確実に見つけていただきたいのは、**経理に提出した資料です**。つまり、これが**アウトプット＝成果物**として、もっとも重要になります。**次が、アウトプットを作るために部門内で用意した資料**です。例えば、提出資料を埋めるために数字を集計した資料や、KPIなどの数字をもとに試算した資料がこれにあたります。こちらは、**インプット＝元資料**に相当します。また、フォルダの中にはそれ以外の資料も入っていると思います。例えば、もらったけれど使わなかった資料等です。こちらは**サポート資料**として、いったんよけておきましょう。

　予算関連のデータは膨大にあるはずですので、まずは今説明したような各資料の位置づけを押さえましょう。そうしないと、どれが重要なのかが分からなくなり、本当は必要ない資料を読み解くのに時間をかけてしまうということが起こりかねません。また、もう1つのポイントは、資料間の関係性です。先ほどアウトプット、インプット、サポートと資料の位置づけを

整理しましたが、大事なアウトプットを埋めるには、インプット資料が必要でした。つまり、**インプット資料を入手することで、アウトプット資料が完成します**。

　もう1つ、**もし残っているのであれば、スケジュールを確認します**。昨年はいつアウトプット資料を出したのかが分かれば、今年のスケジュールも予想して心構えがしやすくなります。もし分からなければ、事前に経理部門の担当者に問い合わせても良いでしょう。

資料の種類		
種類	内容	対応
インプット資料	集計・入力した資料	要確認
アウトプット資料	経理に提出した資料	要確認
サポート資料	結局使わなかった資料	一応保管

② 部下からの 予算の集め方

　一般社員時代は、とにかく個人として売上目標を達成すれば問題ありませんでした。売上目標も、上司から与えられることが多かったため、あまり考えずに済みました。

　しかし、今の荒谷さんには課長として、個人では達成できそうもない、営業課としての売上目標が与えられています。

「やっぱり、みんなと一度話してみよう」

　前年度比10％増の収益を見込むために、荒谷さんはメンバーと面談することに決めました。

1 部下に前提を伝えよう

　前年度の資料の整理と説明会が終われば、いよいよ今年度の予算を作りはじめます。先ほどインプット資料として整理した元資料を、チームメンバーには作ってもらうことになります。

　元資料も複数あるでしょうから、まずは担当業務や経験を踏まえて、役割分担を決めます。このとき、前年度のものを誰が作ったのかは大きな参考になります。

　もし部門外の助けを得なくてはできない資料があれば、部門外でも予算作成が進んでいますから、早めに依頼しましょう。

　メンバー各人に依頼するときに大切なのは、前提をきちんと説明することです。前提でよく問題になるのは、売上の水準次第でかかる費用が異なるケースです。例えば、商品サンプルの費用などは、目標とする売上が高いほど多く必要になります。この場合、前提とすべき売上の金額を仮でも良いので決め、メ

ンバーに伝える必要があります。幸い多くの会社では、売上金額や規模といった影響が大きい前提については、あらかじめ経理部門側で決め、提示してくれます。

また、もう1つ大切なことは、**入れる数字の温度差を調整することです。**業績見込のところでも説明しましたが、メンバーの性格などにより、保守的な数字を入れたり、挑戦的な数字を入れたりするケースも出てきます。ここでは**業績見込のときと同じく、基本的に「中立的（＝もっとも可能性が高くなる）」な数字を入れるようにと伝えておきましょう。**もし悩む場合には個別に質問してくださいと併せて伝えれば、手が止まることはないはずです。

② 上からの期待をどう反映するか

「中立的に」とチームメンバーへ伝えることを言いましたが、皆さん管理職のところには、おそらく経営陣から前年比＋5％の売上などといった期待が伝えられていると思います。

そのとき、皆さんの取りうるやり方には、大きく2つあります。1つは、メンバーには経営陣からの具体的数値をあえて伝えず、メンバーそれぞれの中立的な数字を作ってもらう方法。もう1つは、上からの期待数値を伝えたうえで数字を作ってもらう方法です。**どちらも一長一短があるのですが、ここでは、前者のやり方をお勧めします。なぜなら、先に上からの期待を伝えてしまうと、メンバーもそれを踏まえて作成してしまうため、結果として「中立的」な数字にならない可能性が出てくるためです。**メンバーから数字を集めるやり方をボトムアップ方式と呼ぶ話はすでにしましたが、このメリットは実現可能性と納得性でした。つまり、現場をよく知っているメンバーに作ってもらうことで実現可能性を上げつつ、納得性を持ってモチベーションを高めてもらうわけです。ここで上からの期待を

伝えてしまうと、この効果が薄れてしまいます。

　しかし、メンバーから集めた数字を集計しても、上からの期待に応える内容にならないことは、容易に想像がつくでしょう。そこで、**管理職である皆さんが、メンバーの「中立的」な数字に対して確認し、必要な調整を行うのです**。具体的な確認と調整の仕方は後述しますが、もし各メンバーの数字を変えた場合には、必ずフィードバックしましょう。

　調整において、「Aさん、1億円で出してくれてた売上予算、あと2千万円上乗せできるかな？」とフィードバックすると、Aさんは反論するかもしれません。しかし、最終的に、部全体の数字に整合するカタチにしておかないと、問題を先送りするだけです。Aさんなら追加で2千万円行けると思ったのには、何か理由があるはずです。昨年の実績なのか、来年度担当予定の得意先で大型案件が見込めるとか——皆さんがそう考えた根拠を、丁寧にメンバーに説明しましょう。

　ここで、各メンバー単位にまで数字を落とし込んでおくことは、とても重要です。「年度の途中で誰か好調な人を見つけて追加で目標設定してもらえば良い」と甘く考えないようにしましょう。メンバーは年初に予算で割り当てられた数字を前提に活動しますので、年度の途中で追加目標を設定されるとモチベーションを下げ、あなたへの信頼を損なうことにもなりかねませんし、そうした場合のコミュニケーションも簡単ではありません。結局もめたり、議論が必要になったりするのであれば、はじめから予算作成の段階でそのステップを踏むようにしましょう。そうすることで、年度中の進行がスムーズになります。

③ 部下に提出してもらう方法の工夫

　チームメンバーに数字を提出してもらうときに、「資料のフォーマットは自由です」と言ってしまう管理職がいます。自

分がフォーマットを用意する手間が省け、各メンバーも自分が
やりやすいフォーマットが使えるので一見良さそうに見えます。
しかし、**資料のフォーマットは皆さん管理職側で用意するよう
にしましょう。各メンバーに任せると、提出された後にそれぞ
れのフォーマットを理解したり、対応する集計シートを作った
りする作業が管理職に生じてしまい、二度手間になります。**

　結局集計シートを作るのであれば、先に皆さん管理職側で作
成しておき、それをメンバーに活用してもらいましょう。あら
かじめ入力欄を作っておいて、そこに記入してもらいます。こ
のとき、メールでそのフォーマットを各メンバーに送って添付
で返してもらうというやり方より、共有フォルダを使ったほう
が良いでしょう。共有フォルダにある集計シートの入力欄へ
各メンバーに入力してもらえれば、皆さんはファイルをダウン
ロードしたり更新したりする必要がありません。このことは、
時間削減になるだけでなく、集計ミスも減らせます。また、1
つにまとまっていれば、現時点で誰が未入力なのかも一目瞭然
です。数字が集まらないことには、予算作成自体がはじまらな
いので、そのためのハードルを下げることにもつながります。

　時間がない中での予算作成ですので、仕込みに時間をかけ、
なるべく後工程をシンプルにする工夫が大事です。

　また、メンバーに入力してもらうだけでは、なぜこの数字に
なったのか分からないこともあるでしょう。その場合には、個
別に確認をするようにしてください。ついでに、入力が難しそ
うなメンバーや新しいメンバーには、事前にどのような数字を
入れる予定かを簡単に確認すると良いでしょう。フォーマット
の工夫で浮いた時間は、このような個別のコミュニケーション
に充てるようにします。これにより、各メンバーの出した数字
の根拠がよく分かり、前述のような調整をどこで行えば良いか
の判断材料になるはずです。

③ 予算数値の作り方

> 　予算に向けての面談は、かなり難しい調整となりました。メンバー各人の能力や抱えている顧客は同じではありません。また、達成目標を上げれば負担が大きくなることは目に見えているため、皆、気乗り薄といった状態です。数か月前まで一般社員だった荒谷さんにも、それは理解できる心情でした。
>
> 「だけど、ちょっとずつ頑張ってもらわないと……」
>
> 　調整には骨が折れそうです。荒谷さんは小さくため息をつくのでした。

1 数字の根拠は乗算型か加算型で作る

　チームメンバーから数字を集めて調整するときに、「数字の根拠を確認しましょう」という話をしました。とくに金額が大きい項目については、根拠の作り方をしっかり行うことが重要です。ここでは、根拠の作り方を2パターン紹介します。乗算型と加算型です。

　乗算型は、名前のとおり掛け算に分解します。例えば、売上はよく客単価と客数に分解されますし、アルバイト人件費は時給と労働時間に分解できます。分解された構成要素が数字の根拠になるのです。

　前述のとおり、月ごとの売上金額をフォーマットに記入して出したとしても、経理部門の担当者から必ず聞かれるのが、数字の根拠です。そこで、あらかじめ数字の根拠を構成要素ごとに用意しておきましょう。そうすることで、手戻りや不整合が

防げます。

　分解された構成要素は、KPI として使われていることも多いので、KPI を日常的に使っている皆さんにとってはなじみがあると思います。そうであれば、より数字作成は容易になるでしょう。

　1つ注意が必要なのは、その KPI は自部門が取り組み可能なものかということです。あなたの部門から出る予算数値というのは、自部門で取り組んで達成することが前提になります。あらかじめこの点を確認しておきましょう。KPI の性質については、また Chapter 5 で詳しく解説します。

　もう1つの**加算型は、足し算で構成されるものです**。イメージとしては、内訳のことだと思ってください。例えば、売上は関東、関西、九州などとエリア別に分解することもできます。全エリアを足せば、売上の総額となるカタチです。このように、自社のビジネスの特性に合わせた内訳に分解するのが、加算型の特徴です。

　どちらの方法も、**金額が計算された過程を示してくれますので、金額が大きい項目についてはいずれかの方法で分解しておきましょう。売上はとくに注目されますので、乗算型と加算型の両方を使っても良いかもしれません**。

予算数値の作り方		
種類	イメージ	例
乗算（掛け算）型	KPI	売上＝数量×客単価
加算（足し算）型	内訳	売上＝関東＋関西＋九州 （エリア別）

3

予算作成（前半）

② KPIも内訳も「ありもの」の分解を使う

　乗算型や加算型に使われる切り口について、新たに考え出す必要はまったくありません。むしろ切り口は、すでに社内で使われているものを使うようにしましょう。効率的なだけではなく、自社の事業の特徴を反映しているからです。例えば、売上の加算型の切り口について、1地域でしか展開していない会社の場合には、エリア別の分解は使われていないでしょう。代わりに、さまざまな製品カテゴリを扱っているのであれば、製品カテゴリ別の分解が適しています。

　すでに社内で使われているということは、皆さんやチームメンバーにとってもなじみ深いもののはずです。理解するのが容易でしょうし、日常的に動向を把握していることも多いでしょうから、月次決算のときに、予算のこれら数値との比較が容易になります。その結果、月次決算のところで説明した差異分析のヒントが得られやすくなります。

　また、**切り口には、自社が所属する業界で一般的に使われる用語や考え方を取り入れるのも良いです**。例えば、小売業では日販（1日・1店舗当たりの売上のこと）、製造業では稼働率や歩留まり率などがあります。これらは自社の事業とも親和性が高いので、積極的に取り入れると良いでしょう。

　このように**前提をきれいに分解しておくと、来年度以降もやり方を使いまわすことができます**。予算作成は年に一度でなかなか手がけられないと思いますので、**分かりやすくまとめておくことで、来年度以降の効率化にもつながります**。

③ 数字は必ずしも積み上げでなくて良い

　経理部門に提出する数字は、すべて積み上げで用意しなくてはいけない——例えば、「ボールペン　単価90円×10本」というように——と考えている方もいるようです。しかし、もし

合計の金額がそれほど大きくないものであれば、「文房具　年間2万円」とまとめてしまっても問題ないことがほとんどです。とくに、文房具は何に使うのかが明らかなので、あまり問題にはならない項目です。逆に、内容が分かりづらい自部門独特の項目で、金額がある程度大きい場合には、積み上げで内訳を作成したほうが良いと言えます。

また、数字の根拠については、必ずしも乗算型や加算型といった積み上げである必要はありません。ここでも、金額が大きくない場合には、合計金額の昨年度実績をそのまま使うということもできます。

根拠というのは、経理部門が「このくらいの金額がかかるだろうな」という印象を持ってくれさえすれば良いのですから、あまりに丁寧な積み上げで用意するのは非効率と言えます。

同様の考え方は他にも使えます。例えば「内訳を細かく書かなくて大丈夫かな」と迷った場合、「文房具（ボールペン、コピー用紙など）」というように、主なものだけ書き出すという方法でも構いません。また、数字の面では、円単位まで金額が計算されていることも多いのですが、多くの会社では、千円単位で予算が作られます。つまり、もし126,789円であれば、百円以下の数字は丸めて、126,000円と書いても問題ないことがほとんどです。

したがって、細かければ良いというわけではないのです。受け取った経理のほうでも金額が細かいと管理するのが大変ですし、最終的に目にする経営陣にとって、**細かすぎる情報は「ノイズ（雑音）」となります**。もちろん、準備する皆さん管理職にとっても手間と時間がかかるわけですから、完璧さではなく必要に応じた対応を心がけましょう。

Chapter 3

④ 月次数値への
按分の仕方

> 「売上を上げるだけじゃ、目標達成できる予算は作れないかもな
> ……経費も見よう」
> 　売上だけでは営業課として達成できる数値は作れないかもしれ
> ない、そう感じた荒谷さんは、去年の資料に改めて目を通しはじめ
> ました。
> 　経費の数字が、月ごとに事細かに並んでいました。
> 「そう言えば総額を月ごとに分けないといけないんだった……」
> 　頭痛の種が増えてしまった荒谷さんでした。

1 月次按分は予算の進捗管理に使うため

　ここまでで、基本的な数字の作り方について説明しましたが、事業部門の管理職の皆さんには、ぜひ押さえておいてほしいことがあります。それは、**皆さんは最終的に数字を月単位で作成する必要があるということです。**

　すでに Chapter 1 で紹介したとおり、予算が予定どおり進んでいるかは、月次決算を通じて確認します。ということは、あらかじめ予算の数字は月次で持っておかなければなりません。「年間でどのくらいになるかを予想するのだって難しいのに、さらに月次に分解するなんて」と感じる方もいることでしょう。まさにそのとおりです。例えば、製造業において工作機械の突発的な修繕費は見積もりにくいものですし、月単位で予想するのは至難の業と言えます。その一方、もし適当に割り振るとどうなるでしょうか。復習になりますが、月次決算において差異

分析のとき、説明に苦しむ羽目になるのです。「なぜ今月の修繕費は予算よりも多いのですか」と聞かれても、「予算を適当に作ったから」とは答えられないでしょう。

このようなやりとりに困った会社の中には、月次での数字を当てることに懸命になるところもあります。5年分の毎月の修繕費の金額データをもとに、回帰分析など数学的な方法で予測するのもその1つです。しかし個人的には、このような「数学的」なやり方はお勧めしません。なぜならこの方法も、皆さんがその予算の数字になった理由を説明できないからです。数学的に計算されたとしか言えないのであれば、その金額と差し引きで計算される差異については、なおさら説明できないでしょう。

このようなケースでは、月次金額の按分について気にしなくて良いので、年度合計の金額の精度向上に注力したほうが良いと思います。

② 費用の年度数値の具体的な按分方法3つ

では、先ほどの修繕費のように、これを月別に按分したい場合はどうすれば良いか。その方法は主に3つあります。

まず1つ目は、**他の項目の月次金額をもとに按分するパターン**です。例えば、販売手数料は売上の何%など、売上に連動することがほとんどです。そこで、販売手数料を按分する際には、売上の月次金額をもとに比例配分できます。

このとき、売上の月次金額が必要だということに注意しましょう。多くの会社は営業部門が売上金額の予算を作成すると思いますので、自部門が担当する項目が売上の影響を受ける場合には、経理部門を経由して売上の月次金額を入手できるように依頼しておきましょう。ここでは、仮数値でも構わないとお願いするのが良いと思います。というのも、売上金額の予算が確定するのには時間がかかることが多いので、並行して皆さん

の部門の作業を進めておかないと間に合わなくなってしまうからです。

2つ目は、**前年の月次金額をもとに按分するというパターン**です。費用では、水道光熱費や保険料などでこの方法が使えます。例えば、水道光熱費はエアコンを使う夏冬に上がる傾向があります。この季節性を反映するには、過去の月ごとの水道光熱費を、年度合計の水道光熱費で割り返した月ごとの割合を計算して、それを今年度の年度合計金額にかけ合わせます。これにより、月単位に按分できます。

3つ目は、**年度の数字を単純に12か月で均等按分するという方法**です。まさに先ほどの修繕費はこの方法が適しています。予想するのが難しい場合には、なるべくシンプルな方法で計算しましょう。そうすることで、月次決算のときの説明が簡単になります。例えば、修繕費であれば「今月は3件の修繕が発生し、通常よりも多くかかったから」とありのままを答えることができるようになります。

月次按分のしかた

	方法	項目例	適している場合
1	他の項目の月次金額をもとに按分する	販売手数料	他の勘定科目に連動する場合
2	前年のその項目の月次金額をもとに按分する	水道光熱費	季節や月による変動がある場合
3	年間金額を12か月で均等按分する	修繕費	予想するのが難しい場合、現時点では支出方針が決まっていない場合

3 売上の月次按分は月別割合を使う

　先ほど費用の按分は、売上の月次の数字があることを前提としていました。それでは、売上自体はどのように按分したら良いのでしょうか。

　まず、**小売業など売上の変動に季節性がある業種の場合には、先ほど費用について紹介した2つ目のやり方を使うことができます**。つまり、前年度を参考に、1年に占める月ごとの割合を出し、それを年度合計の数値にかけ合わせます。このとき、異常値に注意してください。異常値というのは、その名のとおり普通ではない数字のことです。例えば、前年に消費税の増税による駆け込み需要で売上が激増した月があれば、その数字は無視します。または、影響額があらかじめ分かっていれば、その分を差し引いた金額で割合を計算します（補正計算）。また、できれば昨年度の実績数値だけではなく、3〜5年分くらいまでの過去の数字を使うと、傾向がよりよく反映できると思います。

　特別な事象による影響額というのは、予算のときだけではなく、月次決算のときにも使います。例えば、その翌年の月次決算で前期比較する際には、前年度の数値に含まれているわけですから、差異要因の説明に必須です。ですので、特殊な要因による影響額というのは、その発生した年だけではなく数年にわたって必要になることが多いのです。しかしながら、人事異動など組織の都合でなかなか引き継がれないのも事実です。**予算管理の手間を減らし精度を上げるためには、このような特殊な要因による影響額の情報について数年間保存しておくようにしましょう。**

⑤ 予算集計のフォーマット

> 売上の目標と月ごとの経費に悩む荒谷さん。
>
> 家賃や光熱費の負担など、毎月確実にかかりそうな経費については前年度を参考にできそうです。しかし、売上が届かないことはまだ解決していません。
>
> 「売上についてはとにかく一度、みんなに目標を出してもらってから考えよう」
>
> そう考えた荒谷さんは、売上の入力を各自に依頼しつつ、経費について入力を進めることにしました。

① 経理が配るPL形式は使いにくい?!

多くの会社では、経理部門が作成した予算入力用のフォーマットが配られ、これに各部門が入力して提出というやり方を取っています。こちらでフォーマットを準備しなくて良い点は楽なのですが、問題はその形式です。

経理部門から配られるフォーマットは、縦に勘定科目、横に月が並んだPLの形式がほとんどです。 これは、最終的に予算がPLのカタチで経営陣に承認されること、その集計過程を担う経理部門の手間が最小限で済むことによっています。チームメンバーから情報を集める際の方法として、管理職が使いやすいように集計シートなどのフォーマットを作る話をしましたが、経理部門も経理部門で、自分たちが作業しやすい仕様にしていることが多いのです。

しかし、各部門の管理職の皆さんにとって、この形式は必ず

しも好ましいとは言えません。実際に、このPL形式の「解読」「穴埋め」に対し、まるでパズルに挑んでいるように苦労する管理職の方が大勢います。なぜかといえば、**横軸の月は問題ないものの、縦軸に並んだ勘定科目が皆さんにとって判別が困難だからです**。

　勘定科目というのは、売上、売上原価、交通費などの内容が分かるように決められた項目のことです。どの会社でも使われるもので、経理部門にとっては整理するための用語として必須のものです。しかし、経理以外の各部門では判断が難しく、例えば「外部委託費」「調査費」「研究開発費」など、「どれを使ったら良いのか分からない」ということもよく起こります。実際に、各部門にいる経理処理担当者は、経理部門に問い合わせながら、都度確認して経理処理を行っています。

　しかし、皆さんが予算作成の際に対象とする項目はたくさんあるので、その都度確認をするのは、現実的ではありません。

　そこでまずは、**皆さんの部門内で理解できる項目名を用いて、すでに説明したとおり、予算の月別の数字を作ることからはじめるとスムーズでしょう**。つまり、勘定科目名にとらわれてしまうと、作業時間がかかってしまいますので、いったん置いておくのです。そして、項目名から勘定科目への翻訳は同時進行または後からまとめてやれば良いのです。とくに、部門内の経理処理担当者にお願いすることができれば効率的でしょう。

② 翻訳するためのまとめフォーマットを作る

　上記で述べた理由から、**自分たちの集計用のフォーマットを、経理部門へ提出するものと別に作ることをお勧めします。これは、自分たちの計算資料かつ経理部門への根拠資料になります**。

　これを作る理由は、勘定科目の分かりにくさだけではありません。勘定科目だとくくりが大きすぎて内容が把握できないの

ももう1つの理由です。例えば、広告宣伝活動に使う費用は、「広告宣伝費」という1つの勘定科目に集約されることがほとんどです。日用品をはじめとした消費財産業の会社などでは、テレビCMやWeb広告などで多額の費用をかけていることもよくあります。その場合、経理部門から勘定科目ごとの数字を求められているとしても、結局内訳を聞かれることがほとんどなのです。すでに数字の作り方のところでご紹介したとおり、乗算型や加算型の考え方を使い、あらかじめ内訳をフォーマットに入れておくようにしましょう。つまり、数字の作り方で習った考え方を、「単にフォーマットに落とし込みましょう」という話です。

予算集計フォーマット例

□（グレー）は入力箇所

No	内容	金額(単位:千円)				参考			管理会計部門用				数字の前提
		4月	5月	3月	年間計	昨年実績	増減	勘定コード	勘定科目	補助科目コード	補助科目	
1	新店チラシ	200			400	600	△200	520000	広告宣伝費	1000	配布物	新店開店月に200千円/新店
2	既存店チラシ	500	500	500	2,000	3,000	△1,000	520000	広告宣伝費	1000	配布物	単価見直し
3	看板				0		0	520000	広告宣伝費	2000	看板	
4	新店キャンペーン				0		0	520000	広告宣伝費	4000	キャンペーン	
5	既存店キャンペーン				0		0	520000	広告宣伝費	4000	キャンペーン	
6												
7												
	合計	700	500	500	2,400	3,600	△1,200					

　この資料は、経理部門に補助資料として提出して構いません。むしろそうすることで、経理部門からの質問が確実に減ります。勘定科目内の内訳について質問する必要がなくなるからです。とくに、経理部門の立場からすると、聞かれてから口頭で答えるのではなく、あらかじめ資料で渡してもらえることは、本当に助かることですし、皆さんへの信頼度も確実に上がります。

予算管理において、出して問題ない資料は経理部門にできるだけ渡すというのは、双方にとって効果的かつ効率的です。

③ 構成要素だけ渡すという奥の手も

　数字の根拠の作り方として、乗算型と加算型を紹介しましたが、この作り方が難しい複雑な場合もあります。例えば、人事部門が主管する人件費です。これは、労働法や社会保険などさまざまなルールが絡んでいるため、計算するにはエクセルなどのスプレッドシートを駆使しないと難しいものです。あくまで一般論ですが、事業部門の方の中にはエクセルの計算がそれほど得意ではないという方もいます。もし自分もそうだと感じているのに、複雑な計算をしなくてはいけない場合には、経理部門の担当者に相談すると良いでしょう。経理部門の担当者は基本的にエクセルの計算が得意です。

　皆さんは前提となる情報を提出し、実際の計算はエクセルを使って経理部門に計算してもらい、最終数値を皆さんが確認するというやり方を取っても良いと思います。わたし自身も、人事部門の予算を担当するときには経理部門としてこのやり方を取ることがたびたびありました。結果的に、経理部門にとっても数字が期限内に出てくることはとても助かります。自部門だけで予算作成が難しい場合の、奥の手とも言えるやり方ですが、もしこのようなやり方を取りたいのであれば、経理部門の担当者には早めに相談するようにしましょう。

6 予算数値の 確認と調整の仕方

> 予算の経費部分を作成するため、改めて去年の資料に目を通していた荒谷さんは、ある月の経費が異様に高いことに気がつきました。
>
> 「前の月の20倍以上？　毎年この月にかかるのか？」
>
> そのまま入力してしまうことも考えましたが、適当な数字で出せば経理に聞かれても説明できません。
>
> 結局ここ数年の資料を見返し、事情を知っていそうな営業課のメンバーに話を聞いてみることにしました。

1 実績数値と整合しているかをまずチェック

ひととおり予算の数字がチームメンバーから回収できました。皆さん管理職の目線でチェックするのに、いくつかチェックの効率的な方法があるので、ご紹介しましょう。

まず、1つ目は、**実績数値と整合していることをチェックします**。実績数値というのは、すでに確定している過去の情報です。もし会社や事業の状況に大きな変化がないのであれば、予算の金額も同水準の数字になることが期待できます。この性質を使って、予算の数値と実績数値を比較してみるのです。

実はこの見方は、経理部門がよく使う方法でもあります。経理部門では業務の内容について皆さんほど詳しく分かりませんので、このような数字の特性に注目したチェックが主体になります。ということは、提出前の段階でこのチェックをしておくことで、経理部門にダメ出しされる可能性を摘むことにもつな

がります。

　ここで**注意すべきなのは、実績数値として、予算を作っている今期の数字は使えないということです**。今期はまだ終わっていませんので、手元にある数字は、Chapter 2で行った業績見込です。とすると、これはあくまで予測なので、比較対象としてはふさわしくない可能性があります。業績見込自体が多めになってしまっているのであれば、多めに作られた予算に対して違和感を覚えなくなってしまうからです。

2 5期分の数字と変動要因を手元に置く

　このように、実績の数字というのは、根拠や確認に役立つものです。そこで、ぜひ**過去5期分の月次での数字を手元に置いておくようにしましょう**。なぜ実績分として5期も必要かといえば、前年が通常状態ではない場合などでは、1期分だけでは数字が参考にできないからです。社会情勢の変化などの外部要因や、自社要因によりいつもよりも金額が増減することがあります。このとき、その影響額や要因を必ず記録しておくようにしましょう。数字だけであれば経理部門でも入手できますが、その影響額や要因までの情報は、おそらくカバーしていません。そこで、そのような情報を自分たちで保管しておき、予算の根拠や参考情報として使えるように準備しておきます。それによって実情と乖離した予算を作成しないよう、皆さんの身や自部門を守ることにつながります。

3 並べた「推移」で流れを見る

　各年度の実績と予算を比較するという見方に加えて、**予算を含む3〜5期分を並べた推移を見ることも、とても良い方法です**。「年を追うごとに増加しているが、これは〇〇だから」などと、大きな傾向を主な理由とともに確認してみましょう。

エクセルが得意な方は、グラフにして見やすくするのも良いと思います。

　流れの中で確認することで、自分たちの作りかけの予算が「これまでの増加傾向の傾き以上に増加していて少し増やしすぎかも」など気づきが得やすくなります。この気づきを得た場合、予算折衝のときに、経営陣から増えすぎを指摘されるのを避けることができます。

④ 各人の性格や意向からリスクを考える

　ここまでは数字に注目したチェック方法でしたが、次は、人に注目した方法です。以前にも少し触れましたが、チームメンバーが提出してくれる予算の数字は、それぞれのメンバーの思惑が反映されがちです。そこで**各人の性格や意向、状況を踏まえ、どのような数字を出してくるかについて想像し、その観点で改めてチェックしてみます**。

　例えば、慎重派で心配性の人は、費用を少しずつ多めにして提出してくる傾向があります。すでに紹介した実績との比較や推移での確認により、皆さんはそうした傾向を見つけることもできるでしょう。それ以外にも、内訳を見てみると、「予備」といった項目名を使って別に用意してくることもあります。判断が難しい部分はありますが、予備の金額があまりに大きいと、月次決算分析において差異の要因になりがちなので、注意が必要です。

　さらに、管理職である皆さんが、今の取引先の契約単価が高いと感じたために、見直しを指示していたとします。しかし、実際に出てきた予算の契約単価は昨年度と同水準に高いものでした。このような場合、見直しについて丁寧に実態を確認するようにしましょう。取引先と再三交渉したものの、原材料価格の高騰により難しいという返事であったのであれば、やむをえ

ないかもしれません。しかし中には、取引先に確認すらしない
ケースもあります。その理由は、メンバーも多忙だからという
こともありますが、変化を嫌う保守的な性質による場合もあり
ます。わざわざ手間をかけて交渉したり、場合によっては取引
先を変更して単価を下げたりするというような、自分の仕事が
増える変化を嫌う人は案外多いものです。予算の金額を変化さ
せなければいけない要素があるのか確認するようにと、管理職
の皆さんが伝えていたとしても、変化はないだろうと思い込ん
でしまう人もいます。

　最終的に、予算は皆さん管理職の責任のもと提出されますの
で、メンバーの言うことを鵜呑みにしすぎないことも必要かも
しれません。例えば、原材料価格の高騰が先ほどの理由であれ
ば、どの原材料なのかを確認したうえで、本当にそれは上がっ
ているのかを新聞やインターネット上で確認しても良いでしょ
う。

　もちろん予算の内容すべてについてではなく、金額が大きい
ものを中心に実施するので構いません。**限られた時間の中で優
先順位をつけながら、数字・実績・整合性をフル活用して検討
すると良いでしょう**。

⑤「最悪の場合」という聞き方も便利

　心配性のチームメンバーが出してきた費用が、例年よりも大
きかった場合、おそらく増額リスクを心配してのことだと思い
ます。個別に確認する際には、それを理解したことを当のメン
バーに伝えましょう。そして「これは最悪の場合だよね、それ
が起きなかったとしたら」という前提で改めて尋ねてみます。
どのような場合に増額になりそうなのかも具体的に聞き出して
みると良いでしょう。

　その結果、可能性が高くない場合には、予算にはもとの数字

は反映しないということも考えられます。すでに述べたとおり、予算は原則としてもっとも可能性が高い「中立的」な場合を想定しています。

しかし、この**最悪の場合を見立てた情報は、実はとても有益なので「リスクリスト」に含めておきましょう**。リスクリストというのは、予算どおりに行かない場合についてまとめたリストです。このリストをあらかじめ作っておけば、もし年度中にリストにある事象が発生した場合、気を付けなくてはいけないということがすぐに分かります。予算はどちらかといえば、悪い場合に備えて、それを改善させるためのものです。このような最悪の場合の情報も役に立つのです。

リスクリストの例

	要因	利益影響額	対処
1	売上10%ダウン	2億円	……
2			
…			

⑦ コストの分類

> 経費が異様に高い月の実態を確認したところ、どうやら経費の予算を消化するために、この時期に備品を大量購入したとのことでした。削りたいところですが、備品の紛失や破損・修理対応を考えると難しい問題です。
>
> しかしこれで経費の実態について、荒谷さんはおおよそ把握することができました。追加の経費予算があるかもしれませんが、ひとまず現状の経費について、1月中に入力を済ませることができました。

ここまでで、予算に関する数字の精査がほぼ終わりました。これで、基本的には部門で必要な情報が集まってきたはずです。自身の理解の確認のためにも、それぞれの費用の性質を一度整理してみましょう。

1 変動費と固定費

変動費というのは、売上が増えると比例して増える費用のことを言います。例えば、販売手数料や商品の売上原価などが代表的です。一方、**固定費とは、売上が増えても金額が増えない費用のことです**。こちらは、本社部門の人件費や広告宣伝費などがあります。

ここまでは理論的な整理ですが、実務ではもう少し広く捉えるほうが予算管理に適しています。変動費は、一般的に「売上に比例して」とされていますが、「稼働状況に比例して」と、

広い意味での変動費と捉えても構いません。そのほうが実務では扱いやすいでしょう。例えば、営業の交通費は訪問数が増えれば増えると思いますので、変動費と言えます。また、固定費というのは、「契約モノ」が代表例です。家賃や人件費などです。人件費の中でも残業代はどうでしょうか？　金額がそれほど大きくなければ人件費に含めて固定費としてもかまいません。このように、実務ではあまり厳密に考えすぎると、細かくなりすぎてしまいますので、目安程度として捉えましょう。

　この考え方にもとづいて、皆さんの予算のフォーマットに含まれている各費用はどちらに該当するのか、確認してみてください。これにより、まず経理部門への説明がスムーズになります。というのも、経理部門は変動費・固定費という区分をよく使いますので、相手にとっては理解しやすいのです。わたしもそうでしたが、費用について内容を説明してもらっても、どうしても理解しきれないということがあります。このような場合、視点を変えて、変動費か固定費かという説明をすることで納得や安心してもらえることもあるはずです。

　また、この考え方は業績見込を皆さんが作成するときにも便利です。固定費は基本的に変わらないはずですので、変動費を中心に見直せば良いというアタリをつけることができます。

　変動費・固定費というのは、どの会社でも使う考え方ですので、ぜひ押さえておきましょう。

② 一時費用と継続費用

　次は、発生頻度の話です。**1回しか発生しない費用を一時費用、定期的に発生する費用を継続費用と呼びます**。それぞれイニシャルコスト、ランニングコストと呼ぶこともあります。ただ変動費・固定費とは異なり、これらの呼び方は多様です。これらのような概念が自社にあるのか、そして実際になんと呼ん

でいるのかをあらかじめ把握しておくと良いでしょう。

　例えば、クラウドサービスの導入費用は一時費用、毎月の使用料は継続費用です。経理部門は、継続費用にはとても敏感です。なぜなら、一度受け入れたらなかなか削減することができず、来年度以降も必要になるために慎重になります。

　これもよく使われる考え方なので、ぜひ押さえておきましょう。

③ 必須費用と任意費用

　予算作成において、もっとも重要な分類がこの2つです。この費用は事業上必須なのか、それともそうではない（任意）のかという分類です。例えば、会社が負担する健康保険などの社会保険料は、会社にとって必須です。一方、予防接種の補助やサプリメントの支給といった福利厚生にかかる費用は、任意と言えます。同じ修繕費でも、法律で点検が求められている場合には必須ですし、自社独自で行うメンテナンスは任意と捉えられます。

　同様に、皆さんの予算フォーマット内の費用も分類してみましょう。ここで**大事なのは、必須か任意かは、経理部門に提出する予算フォーマットに書き込まないほうが良いということです。経理部門の立場からすれば、任意と書かれているのであれば、これは来年度に不要と判断されがちだからです**。ただ、すでに紹介した変動費・固定費や一時費用・継続費用の場合は、予算の採否に直接影響するほどではないので、書き込んでおいても問題は少ないと思います。

　この後の予算折衝を考えると、重要なのは任意費用の扱い方です。任意費用も、当然予算のフォーマットに入れた状態で提出してください。Chapter 4 で詳述する予算折衝において、費用は減らされることが多いので、提出する段階で必要と思われ

る費用は、任意のものを含めある程度入れておくほうが賢明と言えます。交渉の仕方としても、妥協してくれたと経理部門に思わせることで、有利な展開が可能になるかもしれません。

なお、今年度やるかどうかは任意であるものの、3年に1度は必ずやらなくてはならないような性質のものがあれば、そのことも把握しておきましょう。

④ 費用か資産か確認が必要なもの

機械などを買った場合、費用ではなく、資産として経理部門では処理します。そのため、少し金額が張るようなものやカタチがあるもの、すぐに使わないもの（貯蔵品と呼ばれ、パンフレットや備品が該当します）を予算に入れたい場合、その購入費用は必ず資産なのか費用なのかを確認するようにしましょう。

なぜなら、**皆さんが提出する予算フォーマットに入れて良いのは、費用になる案件だけという会社も多いからです**。そのことに気がつかず、予算フォーマットに入れて出してしまうと、正しいフォーマットに入力し直すための手戻りが発生したり、最悪の場合、提出が間に合わずに予算が採用されないかもしれません。

一般に、資産になるものの予算は、「設備予算」などの名前で別途検討されることになります。

Chapter

4

予算作成（後半）

2月

　2月――来年度の予算作成について、経費予算に関しては何とか1月中にほぼ入力を済ませた荒谷さんでしたが、売上予算のほうは難航していました。

　悪戦苦闘しながらも、スプレッドシートに詳しい営業課のメンバーの力も借りて、何とか月ごとに予算目標を入力できる仕組みを作りました。そのうえで各メンバーには、来年度の達成目標に少しの上乗せをお願いしつつ入力してもらい、全体の売上予算を試算しましたが……。

「この試算のままだと、収益10％増は無理だ……」

　荒谷さんはその調整に苦心していました。

① 新規案件への対処

> 営業課のメンバーそれぞれが入力した売上予算は、確かにそれぞれの前年比よりは上乗せされていました。そのこと自体は有り難かったのですが、継続案件や以前からの顧客で計算されているらしく、売上の増加見込はどうしても小幅でした。
> 「新規案件や顧客の開拓を、もう少し考えてもらおう」
> 荒谷さんは新規案件などについてメンバーと協議を重ねました。また経費についても再度検討し、何とか収益10％増を達成目標とした予算を作成し終えました。

① 新しい案件の予算を作るには

　ここまでは、どちらかといえば、既存の案件の継続や多少の変更を前提にした予算を考えてきました。ここからは、新しくはじめる取り組みなどについて予算を作る場合の話をしたいと思います。ここまで使ってきた前例踏襲というテクニックだけでは乗り越えられない世界ですが、考え方は共通しています。

　大事なことは、新規案件でもまず漏れなく項目出しをすることです。項目がひととおり出たと思ったら、その金額がいくらなのかを調べるのに終始してしまう方が結構います。しかし、**予算管理の観点から見ると、金額の正確さ以上に、項目出しに漏れがないかのほうが重要なのです**。なぜなら、新しい取り組みには費用がかかりますので、出てきた項目の大半は費用がついてくるはずです。つまり、項目を見落としてしまうと、その費用は予算から全額抜け落ちてしまうのです。新規案件を実施

してみて費用が増加するケースが多いのは、突発的なケース以外にも、このようなケアレスミスによるものも多い印象があります。

これを防ぐには、部門の内外を問わず関係する人に、案件の詳細を丁寧に説明してもらい、費用が発生しないか確認するようにしましょう。多少手間はかかりますが、来年度に入ってから予算外の申請で苦労するよりはマシです。

例えば、小売業でキャッシュレス対応するために、各店舗にキャッシュレス端末を入れるとしましょう。その端末の本体代や保守点検・修繕費、通信費等は当然かかります。それ以外にも、システム部門に確認したところ、現状のシステムを少し改変する必要があるので、その改変費用がかかることが分かりました。また総務からは、キャッシュレスが増えれば、これまでは現金回収業者に週3回来てもらっていたのを2回に減らすことができ、外部委託費が減る見込と言われました。さらに、現金の管理に要していた時間が減るので、人件費も少し減りそうです。

このように直接的な費用だけではなく、間接的にかかる費用や逆に減少する費用まで、広く捉える必要があるのです。「どのような影響がどこに出るのか」という観点で考えることで、漏れていた項目を見つけやすくなるかもしれません。

② 社外から得られる材料もある

新規案件については、上述のような**社内のコミュニケーションから得られる情報に加えて、社外からも情報を得ることができます。**皆さんにとって、もっとも実行しやすいのが視察です。すでに同様の取り組みをしている店舗や会社を見にいき、どのような端末が必要か、従業員の作業に変化はあるのか、オペレーションはどうやっているのかなどを実際に見てみます。そうすることで、見落としていたことに気がつくかもしれません。百

聞は一見にしかずです。

　また、同業者や取引先から情報を集めるというのも良いでしょう。業界に詳しい彼らは、何か情報を持っているかもしれません。とくに役に立つのは失敗例です。「〇〇費が多額になって困った」といったような噂話程度の情報でも、検討してみる価値はあるでしょう。

③ 新規案件はコスト分類がとくに効果的

　新規案件においては、すでに紹介した変動費・固定費や一時費用・継続費用といった分類で、列挙したコストを分類してみてください。

　例えば、先ほどのキャッシュレス端末であれば、導入初年の来年度は、端末の本体代を中心に一時費用が高いものの、2年目以降の継続費用は少ないということが明確になります。Chapter 3 で「経理部門は継続費用に敏感」という話をしましたが、裏を返せば継続費用が少ないことは好材料になりますので、予算が認められやすくなります。

　また、新規案件の場合には、勘定科目のすべてを一度経理部門に確認しておいたほうが良いでしょう。継続している案件は、部門内の経理処理担当者に聞けば分かりますが、新規案件については経理部門でも調査が必要なことがあります。これを怠ると、実際にこの案件が採用された場合、予算と実績の勘定科目が異なることで意味のない差異が複数発生してしまい、月次決算で苦労することになりかねません。

④ 新規案件を認めてもらうためには

　会社の発展には新規案件が欠かせないものの、すべて実行した場合のコストを賄える資金がないこともよくあります。また、収益性を経営陣が不透明に感じることが多いのも事実です。こ

のとき重要なのが、費用構造です。前述の**変動費・固定費や一時費用・継続費用の金額はどれくらいかという情報は、経理部門にとって数字的に理解する大きな助けとなるのです**。

　また、もう1つ重要なこととして、これに取り組むことでどのようなメリットがあるのかを必ず理解してもらいましょう。もっとも通しやすい新規案件は、法律で必要なもので、これは費用の検討以前に義務として行わなければなりません。それに続くのは経済合理性があるもので、新たに発生する費用もあるが、全体で見るとコスト削減になるものは認められることが多いのです。キャッシュレス端末の例であれば、間接的に減少する費用が、新たにかかる費用を上回れば、コスト削減につながるはずです。また、コストの全体金額は変わらない場合でも、固定費が減って変動費化するということを大事にする会社も昨今多くみられます。固定費が変動費化すれば、売上が上がらない場合にも費用が減り、利益が確保されやすくなるからです。

　このように、**新規案件が会社の望むメリットを達成できるものなのかについて、きちんと説明できるようにしておいてください**。

② 経理が予算に対して持つ視点

> ようやく来年度の予算について、資料をまとめ終わった荒谷さん。上野支店長への確認も済ませたうえで経理部門へ提出し、まずは一安心と思いきや。
>
> 「経理です。この勘定科目についてですが……あと、ここの経費が昨年と比べて……それからここの費用に対して利益が少ないような……」
>
> さすがに経理のチェックは厳しい、と思いながらも支店長と確認した内容を答え、何とか切り抜けました。

1 経理がまず見る資料

続いて、用意した予算作成の資料を経理部門に提出した後、経理部門がどのようにチェックしているかを確認していきましょう。**経理部門の視点をある程度知っておくことで、管理職の皆さんが後から質問されて説明に困るような事態を防ぐことができます。**

まず経理部門の担当者が目を通すのは、もし皆さんが自部門用のフォーマットの資料を添付して出していたとしても、やはり経理部門で用意した既定のフォーマットの資料です。縦に勘定科目、横に各月が並んだ PL 形式は、経理部門にとってなじみが深くて理解しやすいものです。したがって皆さんは、**この PL 形式でも今回の自部門の申請する予算の概要を説明できるようにしておく必要があります。**

例えば、もっとも大きな金額の勘定科目には、具体的にどの

ような案件が入っているのでしょうか。部門内で用意する段階では、勘定科目に代わって項目名で進めたほうが効率的という話をしました。しかし、相手が経理部門になった段階では、勘定科目でも説明できる必要性が出てきます。既定のフォーマットの資料をざっと眺め、金額が大きいものについて、主な内訳だけ確認しておくと安心でしょう。

② 大きい金額のものを押さえる

　既定のフォーマットの資料にはたくさん数字が並んでいると思いますので、先ほどのように**大きな金額のものから順に押さえていきましょう**。部内で資料を作るときと同様、千円以下の小さな数字は丸めても問題ありません。経理部門が見る場合には、さらに視点が大きくなります。経理部門は、皆さんの部門以外からも多くの資料が提出されますので、細かいところは正直見ていられません。そのため、会社の規模にもよりますが、1つの勘定科目に対して年間で百万円以上のものだけ確認するというようなやり方を取ることもあります。

　また、自部門の予算の合計金額がそれほど大きくないという場合、とくに予算について質問されず、そのまま認められることもあるかもしれません。これも、すべての案件を見るのが難しいという事情ゆえです。したがって皆さんは、会社の中における自部門の予算金額の位置づけをイメージしたうえで対応すると、無駄がないでしょう。

③ 数字の比較で見る

　管理職の皆さんは、チームメンバーとともにひとつひとつの数字を積み上げて作りました。しかし、**見る側である経理部門は、数字の全体感からしか見ません。事業内容など、細かいことは正直なところよく分かっていないため、限られた時間の中**

で、**数字をよりどころにして確認を進めます。このときに必ず使うのが、比較です**。皆さんの部門でのチェック方法としてもすでにご紹介しましたが、経理部門も同様のやり方で確認します。予算作成の頃になると、今年度の業績見込の精度も高くなっているので、基本的にはその業績見込の年間合計と作成中の予算の年間合計を比較します。その結果、費用が減っていれば経理部門はとくに何も言いませんが、増えている場合にはその理由や根拠を尋ねてくるでしょう。ですので皆さんは、あらかじめ年間で比較したときに増えている勘定科目を中心に、説明の準備をしておくと良いです。

　また、**上場会社の場合には、この年度の比較に加えて、四半期単位で合計額が比較されることがあります**。四半期ごとに外部に向けて業績を公表していますので、前年を上回る業績をなるべく上げるため、あらかじめ四半期ごとのバランスを予算作成の段階で取っておきたいという意向があるからです。

4 説明に効果的なキーワード

　経理部門に質問された場合の回答として、変動費・固定費、一時費用・継続費用といったここまでに紹介した会計用語の分類を使って答えると効果的です。念押ししますが、**必須や任意という区分は、手の内に必ず隠しておいてください**。逆効果になりかねません。

　こういった一般的な会計用語は、常識として知っている経理部門に対しては効果的ですが、この後の予算折衝では時と場合によるので注意しましょう。会計用語がある程度分かる経営者であれば、用語を使ったほうが理解はスムーズでしょう。しかしそうでない場合には、事業上の必要性やメリットを中心に、具体的な説明をしたほうが無難かもしれません。

⑤ 整合性は意外な落とし穴

最後のチェックポイントとして、整合性があります。

もし KPI の数字も予算として提出している場合、KPI と予算が整合しているかを必ず確認しておきましょう。例えば、売上予算は前年比で増えているのに、KPI の 1 つである客数が減っているといったことが発生していないかなどです。ただ、乗算型の内訳を作って予算数値を作成している場合、構成要素に分解された KPI も当然連動しているため、問題はありません。

それ以外では、部門の人数と交通費、派遣社員の人数と派遣料などについても整合性に注意しましょう。これらは自部門に関連しながら、人事部門など他部門が予算管理を行っていることが多いからです。部門の人数について人事部門から出てきた人数は増減なしなのに、皆さんの部門から提出された予算では人件費が大きく増えているというのは、経理部門からは要注意ポイントとみなされます。**自部門に関連する数値を他の部門が提出している場合、整合性が取りづらいかもしれません。しかし、だからこそ全社的にチェックする経理部門が必ず確認する点ですので、あらかじめ関連部門に確認しておくことを忘れないようにしましょう**。

Chapter 4

③ 予算折衝の準備

　経理のチェックも済みましたが、荒谷さんには最後の難関が待ち受けていました。予算を確定するため、予算折衝会議での決裁を得なければならないからです。

　上野支店長によると、なんでも本社の会議室に社長以下、経営陣が勢揃いし、予算の作成者に対し、さまざまな問いかけをしてくるのだそうです。幸い、地方支店はテレビ会議での出席でOKですが、過去にはその場で作り直しを命じられた管理職もいる、とのことでした。

「支店長にきちんと確認してきたし、大丈夫、大丈夫……」

　会議の日が近づくにつれ、荒谷さんの不安と緊張は高まっていきました。

① 予算折衝は上司をフル活用

　経理部門のチェックまで終わったら、最後に待ち受けるのは予算折衝です。ここまでも大変でしたが、予算作成において、最大の関門と言えるかもしれません。 予算折衝とは、呼び方は各社いろいろですが、各部門が出してきた予算を精査する会議体のことを言います。会議は社長をはじめとした経営陣で構成されるため、皆さん管理職にとっては気が重いイベントだと思います。

　なぜならこの会議の基本として、「売上を増やして費用を減らす」という、皆さんにとって難題が降りかかってくることが想定されるからです。 具体的には、すでに経理部門経由で提出

した予算作成資料中の案件を指して「これを減らせないか」と聞かれることもあれば、「部門全体でウン千万費用を減らしてくれ」と言われることもあります。

これを乗り越える切り札は、自分の上司です。皆さんの上司が部長クラス以上であれば、皆さんに比べて社長や財務部門の担当役員と日頃から接点があるはずです。

とくに、予算折衝は限られた時間の中で、各部門から出されてきた予算を見なくてはいけないため、各部門に十分な時間が割けないということもよくあります。そのため、すでに気心の知れた相手から、ポイントを押さえて説明してもらうことが期待されます。また、予算というのは将来のお金の使い道ですので、正直なところ適切かどうかはまだ分からないことが大半です。とすると、それが適切かの判断については、これまでの経験や実績から信頼してもらうしかないのです。このような点で、**自分よりも経験や実績が豊富であろう上司を使わない手はありません**。

② 上司に伝えるべきは問題と優先順位

Chapter 3 のくり返しになりますが、予算作成がはじまったら、上司に報告する機会を設けるようにしましょう。そして**経理部門に提出後も、経理部門のチェックで論点になっていることなどについて、簡単にでも構わないので共有しておくようにしましょう**。これが予算折衝の内容につながる可能性がありますし、予算折衝を待たずに経理部門から経営陣への報告の中で伝わっている可能性もあります。ということは、皆さんの上司が予算折衝の前に、何かのついでに経営陣から質問やコメントを受ける可能性があるということです。

このとき、もし上司があらかじめその話を知らなければ、望ましくない返答をしてしまうかもしれませんし、それどころか

部門のことを把握していないということでマネジメントを問題視されるかもしれません。

上司に何を伝えておくべきかといえば、問題になっている事柄の概要と、自部門としての優先順位です。すでに経理部門からの質問で、いくらぐらい削減を求められそうなのか、またはどの案件が否決されそうなのか、おおよその感触が得られているはずです。確証はなかったとしても、共有しておきましょう。自部門の優先順位というのは、個別の案件の中でどれを実施したいのか、どれは諦めても良いのかというあなたの考えです。これは、すでに必須と任意というカタチで費用を分けてあればそれを伝えれば良いでしょう。このとき、必須または任意の判定自体が、皆さんの上司の考えと一致しているかについても、念のため確認したほうが良いかもしれません。そして、なぜ優先順位が高いかも、簡単でも良いので必ず伝えておきましょう。また、例えば、費用金額が増額された、または高いのであれば、その理由も伝えておきます。必須・任意をあらかじめ把握しておくことで、予算折衝の準備をスムーズに行うことができるわけです。

③ 上司から過去の情報を聞き出して対策を練る

　上司にあらかじめ情報を共有するのも大事ですが、上司からも昨年までの予算折衝の傾向を聞き出しておきましょう。とくに、経営陣が代わっていない場合には、同じ事柄が論点になることも考えられます。

　それ以外にも上司は、経営陣が会議などでどのようなことに興味を持っているのか把握しているはずですので、その情報もぜひ教えてもらいましょう。

　皆さんがすでに知っている情報ももちろん役に立ちます。例えば、月次決算や業績見込の報告の際に、経営会議などで出た

トピックに関連して、予算でも何か考えられないかチェックしてみるのも良いでしょう。

つまり、**経営陣の傾向と対策を上司と一緒に練るのです。**

4 他部門の管理職との情報交換も手

最大の情報源は上司ですが、これに加えて、他部門の管理職からの情報も役に立つことがあります。予算折衝は、各部門順番に行われますので、もし自部門より先に予算折衝を終えた部門があれば、その管理職にどのようなことが話題になったかを聞いてみると良いでしょう。そのうえで、自部門にも同じことが聞かれるかを対策として検討しておくのです。

このように、**事前に情報を可能な限り入手することで、当日のサプライズを減らすことができます。そうすることで、予算折衝では、十分な情報と上司との役割分担のもと、対応することができる**はずです。

④ 予算折衝での ふるまい方

> ついに予算折衝会議の日を迎えました。荒谷さんと上野支店長は、支店のテレビ会議スペースから本社の会議室に接続して待機しました。
>
> やがて刻限が迫ると、社長をはじめとした役員たちが画面の向こうに映るテーブルに座りはじめます。そして時刻になったことを秘書が告げると、一斉に荒谷さんたちが映っているであろうスクリーンとカメラのほうへ目を向けてきました。
>
> 背筋を伸ばす荒谷さん。プレゼンの練習も、支店長との段取りも済ませてきました。
>
> 覚悟を決め、挨拶をしたのち、静岡支店営業課の来年度予算について話しはじめます——。

① 予算折衝では用語を選ぶ

いよいよ予算折衝の当日。経営陣に向けて、自部門の予算申請の概要を説明します。**基本的に予算担当マネジャーである皆さんが説明をして、皆さんの上司が必要に応じて補足するという進め方が多い**かと思います。

経理部門のチェックでも少し触れましたが、予算折衝で間違ってはいけないのは、**事業に即した説明をする必要がある**ということです。1つ前の段階である経理部門のチェックを乗り越えるために、変動費・固定費といった会計用語を多少使って説明することも身につけました。

ここからは、少し世界が変わります。**説明対象の相手の特性**

を踏まえて、**最適な言葉を選んで説明をするようにしてください**。例えば、皆さんの部門の経験がある役員が経営陣に含まれていれば、具体的な取引先名などを含めた細かな説明のほうが理解しやすいでしょう。しかし、そうでない場合には、総合的な内容を中心に説明すべきかと思います。例えば、費用の総額や前年度からの主な変更点などが良いでしょう。よって、予算折衝の参加者や主に質問をしてくる役員をまず確認することで、効率的な対応ができます。相手に関する情報が十分でない場合、最初は経営陣にとって一般知識レベルである日経新聞の言葉の表現を参考に話すのが無難かもしれません。予算折衝が進むうちに、経営陣の情報レベルが分かってくると思いますので、徐々に調整すれば良いのです。

② 予算折衝は交渉の場

ここまで予算折衝について、経営陣から無理難題を言われがちな会議のように述べましたが、この場は交渉の場だということをよく理解しておいてください。**営業の商談と同様です。相手とともに何らかの落としどころを見つけることが必要です。**

交渉術の本などでもよく紹介されていますが、交渉の場では、どこまでなら妥協できるかをあらかじめ明確にしておくことが大事です。これはまさに、これまで用意してきた必須・任意といった費用の分類や、上司とあらかじめすり合わせた優先順位が役立ちます。

さらなる武器として、**皆さんが部門内で作成した予算作成用のフォーマットの資料も、必ず手元に置いておきましょう**。必要に応じてこの情報を伝えることで、予算の数字の根拠がより明確になります。予算折衝の参加者には全社共通のフォーマットの資料しか配られていないことが多いはずです。そのため、質問された場合でも、「内訳の中でどこが増えているのか」「過

去との比較においてはどうなのか」について即答できれば済む可能性が高いです。とっさに目をやって答えられるように、各案件のキーワード2〜3個を大きく書き出しておくのも効果的でしょう。なお、**口頭で伝える数字について、細かいものである必要はありません**。逆に、細かい数字だと人は理解しづらいものですから、400万円といったカタチで、ある程度丸めて伝えるようにしましょう。

③ ダメ出しの場合、問題点の本質を理解する

事前の準備が奏功して切り抜けられることもありますが、残念ながらダメ出しが続くこともあります。その場合は時間の制約上、次回の予算折衝までに再検討というように、追加で開催されることもあります。次回なんとしても挽回するためには、まず**どこがNGだったのかを明確に切り出し、理解しておくことがとても重要**です。費用の高さが問題なのか、取引先が問題なのか、この案件自体が問題なのか、時期が問題なのか。そしてそれはなぜなのか――全社的な要因や社外の要因だとすると、自部門が要因の場合に比べて対処が難しいかもしれません。これらの情報次第では、代替案も大きく変わってきます。また、**同席していた上司と、予算折衝終了後にすり合わせをして、理解に誤りがないことを確認しましょう**。

④ 否決されそうな案件でも伝えておく

全社的な要因により、新規案件などの実施が難しいと言われたとしても、伝えておくことの意義はあります。それは、**自部門では会社にとって必要であれば行える案件があることを、予算折衝の場で伝えておくことに効果があるからです**。それによって、経営陣や経理部門は、この部門にはこういう案件があるということを認識できます。この認識してもらうことが、実

はとても重要なのです。

　来年度は全社的に厳しそうだからと、必要と思いながらもある案件について、予算折衝の土俵に乗せないままにしたとしましょう。年度の途中でやはりどうしても必要となり、はじめて経営陣や経理に伝えたとしたらどうでしょう。彼らにとっては完全なサプライズです。まったく知らないことなのでゼロからの精査となり、簡単には認めてもらえません。時間が経てば結局実行できないまま終わってしまうかもしれません。

　案件によっては、予算折衝で年度はじめの段階で却下されても、敗者復活するケースもありえます。「あと少しで売上予算を達成できるから」とか、「業績が思ったより良いので先行投資で」とか、「他の部門の予算が浮いたから」とかで回ってくることもなくはないのです。敗者復活へのエントリーとして、自部門で必要だと思うことは、予算折衝での結末を怖がらず、必ず含めるようにしましょう。それによって、予算を担当する皆さんも、年度中は少し心穏やかに過ごせるのではないでしょうか。

Chapter 4

⑤ 予算達成のための 期中の対応

> 　荒谷さんにとって非常に長く感じつつも、達成感を得た予算会議は終わりを迎えました。
>
> 　いくつか注文はあったものの大筋で了承され、無事に営業課の来年度予算が成立することになったからです。会議の接続が切られ、荒谷さんはようやく緊張から解放されました。
>
> 「お疲れ様、はじめてでよくできたじゃないか」
>
> 「支店長に助けていただいたおかげです、有難うございました」
>
> 「荒谷課長が頑張ったからさ……ところで、来年度はこれで良いとして、今年度はまだ1か月ある。そちらの達成もよろしく頼むよ」
>
> 　今年度のことを度忘れしていて、ハッと我に返る荒谷さんでした。

① 年度中に予算の修正は難しい

　数回の予算折衝を通じて得た情報をもとに、経営陣が最終的に予算案を取締役会で承認することで、一連の予算作成は終わります。最終的に承認された予算について、できれば経理部門の担当者から説明・報告してもらうと良いでしょう。それにより、予算に関する理解の行き違いを減らすことができます。

　このように前年度末に作成された予算を達成するために、来年度以降は月次決算を通じて進捗を把握し、業績見込を活用して行動計画の見直しを行うというのは、すでに見てきたとおりです。その結果、もしこのままでは予算の達成が難しいと分かった場合にはどうしたら良いでしょうか。**予算の見直しと修正は会社全体に関わることなので、残念ながら一部門だけの事情で**

は変えることができません。とすると、予算を達成できるように、さらなる行動計画の見直しが求められます。

　予算の達成は、必ずしも各項目や勘定科目ごとに求められるわけではありません。多くの場合、各部門が予算の段階での年間費用合計額の中でやりくりする限り、不問とされます。

② 経理からお達しがよく来る3K

　３月になると出張禁止が言い渡される会社があります。年度末が近づき、今年度の利益が足りないと分かった場合に、よく使われる手です。しかし出張をやめれば、交通費はもちろん減りますが、ビジネスに何らかの悪影響が出てしまうことがほとんどです。本来は奥の手とも言える方法ですが、比較的簡単に実施できることから、経費削減の誘惑に負けて毎年のように実施する会社も少なくありません。

　年度末に全社でお達しがよく出るのは、交通費だけではありません。その頭文字からわたしは3Kと呼んでいますが、交際費と広告宣伝費も、交通費とともにある日突然使用が制限されがちな費用です。これらに共通するのは、会社側の事情で減らしやすいという点です。とくに、交際費や交通費は使用者が社員ですので徹底しやすいこともあり、各部門一律10％削減といった方法もよく取られます。しかし、このような方法では、本当に必要なものですら削ってしまうので、その後の業績に悪影響が出かねません。なるべく実態に合ったカタチで、３月などのギリギリではなく時間的に余裕を持ちながら取り組むのが、影響を最小限にとどめるコツと言えます。

③ 頼りになる「任意」案件

　自部門の実態に合ったカタチで費用削減に対応したいのであれば、予算作成の準備段階で精査した際の任意案件が、ここで

も役に立ちます。予算として承認された案件にもし任意案件が含まれていたら、そこから順に削減すると影響が少ないはずです。ということは予算作成の際に、任意案件をなるべく年の後半に入れておくのが良いでしょう。多くの会社では早くて下期はじめ、大抵は第4四半期に入ってから、このような予算削減の話が出はじめます。となれば、そのときすでに任意案件が実行済みでは解決策にはなりません。

4 費用を追加で使える場合

ここまでは費用の削減という前提でお話ししてきましたが、業績好調な企業の中には、費用を追加で使っておきたいという話が出ることもあります。予算折衝でも少し触れた、いわゆる敗者復活もその1つです。**このとき役に立つのも、実は任意案件なのです。**

今度は、予算として採用されなかった任意案件の中から実行すれば効率的です。すでに必要性や中身も皆さんの部門では検討済みなので、初動が早くできることは大きいと思います。ただし、気をつけなくてはならないのは、年度末日までに必ず納品またはサービスの実行をしてもらわないと、今年度の費用にすることができないことです。

実際に、せっかく費用が使えるのに、動き出しが遅くて納品が間に合わなかったり、間に合わないので諦めたりするということも見かけます。会社全体で業績見込を活用し、なるべく早めに年度末の着地点が分かれば良いのですが、皆さんの部門だけの問題ではないので、なかなか難しい部分かと思います。

なお、もし一部の任意案件を追加で実行できた場合には、残った任意案件は、来年度予算の元ネタとしてストックしましょう。そうすれば、新規案件をまたゼロから検討しなくて済み、効率的です。このような**任意案件は、いざ集めようとすると意外に**

出てこないものなので、**年度を通じてひらめいたときにメモしておくのがお勧めです**。なお、この考え方は、新規事業のアイデア出しにも使えます。

⑤ 予算外の案件は認められるのか

　話は前後しますが、予算外の案件の取り扱いについては、会社によって大きく変わる部分です。年初に立てた予算に含まれていない案件を年度途中で実施するのがとても困難な会社もあれば、その部門に渡されている予算総額の中で賄うのであれば問題ないという会社もあります。

　予算外案件か予算内案件かで、実施に向けた手間が大きく異なることもあります。例えば、予算内案件であれば実施前の稟議書は経理部長の承認で良いものの、予算外案件の場合は経理部長に事前承認を得たうえで社長の最終承認が必要など、ハードルが高いケースが多いです。

　自社の運用実態を事前に確認しておくと良いでしょう。

⑥ その他の改善のための視点

　これ以外にも、自部門の費用や売上を改善するための視点があります。1つは**同業他社比**です。同じ業界の他社の決算書やメディア情報などの公表物をもとに、比べてみると良いでしょう。もう1つは、**単位当たりの計算をしてみること**です。例えば、1人当たり交通費について過去5年の推移にしたり、売上1円当たりの広告宣伝費を同業4社と比較したりするなどです。そうすることで、また新しい気づきがあるかもしれません。

　このような視点での検討は、どちらかというと、予算削減を求められてから行うというより、時間的余裕があるときに進めておくと良いでしょう。予算管理の枠を超えた見方ができるようになるはずです。

4

予算作成（後半）

Chapter

5

KPI

5月

　管理職としての大仕事、予算作成が終わって約3か月——。

　その間、荒谷さんら静岡支店営業課は、前年度の予算目標達成に向けての営業活動や経費の削減、そして年度が改まって確定する年度決算などに追われる、慌ただしい日々を過ごしました。しかし、5月半ばに差し掛かってくると、一連の決算業務もようやく落ち着いてきました。何より年度決算は、月次決算や業績見込、そして前年度資料の積み重ねを活かすことで、それほど苦にならずにこなすことができました。

　管理職になってすでに半年。当初は数字を見て引きつっていた荒谷さんも、予算管理を通じ、だいぶ作業に余裕を持てるようになりました。しかし余裕が出てきた一方で、荒谷さんには気になることが出てきました。

「うちに配属された新人が言ってた、ケーピーアイか……」

① KPIとは

> 　荒谷さんの会社は、多くの日本企業と同じく4月から新年度がはじまります。そしてそれに連動し、異動や、新入社員の配属がこの時期に多く行われます。今年度は静岡支店営業課に、この春に大学を出た新入社員の若井さんが配属されたのです。
>
> 　その若井さんから荒谷さんは、「目標にKPIを設定していないのですか?」と聞かれていました。よく分からなかったので「うちでは設定していない」と答えましたが、業務が落ち着いてくると新入社員でも知っている言葉の意味が気になってきていました。
>
> 「今どきはそのKPIが、達成目標には大事ということなんだろうか」

① KPIは単なる数値目標

　ここからは、少し予算管理本体から離れて、KPIを見ていきましょう。より数字的な話になりますが、ここまでの予算管理に慣れた皆さんなら問題ありません。それに**KPIを知っておくと、予算管理で有効に使えるケースが増えるので、余裕があれば覚えておくのが吉です**。

　本書でもここまでで何回か登場していますが、本書を読む以前からKPIという言葉を聞いたことがあるという方がほとんどではないでしょうか。Key Performance Indicatorの頭文字3つを取ったもので、日本語では、重要業績指標、業績評価指標などと呼ばれています。

　意味までは知らない人にとっては正直なところ、何のことか分かるような分からないような……という感じだと思います

が、それで結構です。それ以上に本質を押さえてください。皆さんは実務でこれを使うことが目的ですから、言葉の正確な定義などにそれほどこだわらなくても大丈夫です。数値管理の世界に深く足を踏み入れていくと、アルファベット3文字用語が増えていきますが、英語の正式名称なんて気にしなくて結構です。自分に分かる言葉でかみ砕いて言い換え、本質をつかんで効率的に進めるようにしましょう。話をKPIに戻しますが、**KPIとは、言い換えれば「数値目標」のことです。それも、こまで見てきた利益＝業績の改善につながる数値目標のことを指します**。

　例えば、ビジネスを行った結果が業績となって表れたとします。しかし、実際にいくら利益が出ているかを計算するのには時間がかかり、かつ経理のような専門性が必要になります。そこで、次の図のように実際にビジネスを行っている事業部門の皆さんにとって、成果が出ているのかどうかが直接的に分かりやすいように設定されるのが、KPIなのです。つまり、KPIは業績の代替指標であり、先行指標であるといって良いでしょう。

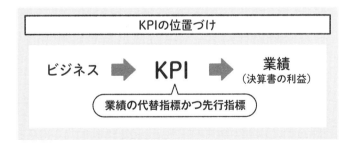

　数値目標と業績の連動は、管理職になると、自部門の売上や費用という視点ではなく、会社の利益を考えなくてはいけないことにも通じます。会社の利益といっても、部門に細分化した中では難しいこともありますから、**具体的に何に取り組めば良**

いのかを明確にするのが KPI ともいえます。

② KPIがもてはやされる理由

　単なる数値目標に過ぎない KPI は、なぜここまで人気なのでしょうか。その秘密は、「数値」であることにあります。

　まず、**数値であることで、現実的な対応策の検討が可能になります**。例えば、現在 60％の受注率を 70％に上げることを目標にしたとしましょう。2％程度のアップであればこれまでの営業方法の延長線上で何とかできるかもしれません。しかし10％のアップとなれば、従来のやり方や案件だけでの達成は難しいと考えやすくなります。このように、「数値」であることで変化の程度が明白になり、達成に向けた具体的な検討方法を判断することが可能になります。

　また、「**数値」なので進捗管理にも役立ちます**。1 年間で受注率を 10％上げたいので、まずは 3 か月で 2％くらいのアップを想定するとします。このように考えて、3 か月後に実際の結果と比較することで、状況を把握することができます。

　さらに、**チームメンバーとのコミュニケーションの観点から、数字にすることで理解の行き違いが防げます**。例えば、管理職の皆さんが「受注率をもう少し上げてほしい」とだけメンバーに伝えると、メンバーはそれぞれの経験などをもとにその程度を判断します。つまり、A さんは 3％アップ、B さんは 5％アップを想像するかもしれません。これでは、部門全体で 10％を達成するのは現状不可能です。

③ KPIは役割分担でもある

　KPI というのは、何をどれだけ頑張るかを示す役割分担とも捉えることができます。先ほどの例であれば、この部門は受注率を 10％上げることを役割とするわけです。つまり、チー

ムメンバーは与えられた KPI を通じて、何をどれくらい頑張るかを明確にしていきます。**各部門がこのように設定した KPI をメンバーそれぞれが達成することで、全体で業績の達成を目指す仕組みなのです**。

② KPIのよくある例

KPIについて気になってきた荒谷さん。

KPIとは、どうやら売上額などの達成目標以外に、業務に関する別の数値目標を設定することで、業務の適切さや効率性を測れる指標らしい、というところまで調べました。

「あれ、これって……?」

何かに気づいた荒谷さんは、予算管理で使っている資料群を見返しはじめました。

① ビジネスによってまったく異なるKPI

すでに出てきた受注率は、業績の中でも売上に注目したKPIです。とくに、営業部門のビジネスパーソンが客先を回って商談することで売上を獲得できるような事業の場合、営業活動の効率を表す受注率が重要になります。小売業のような、お客さんのほうからやってくるビジネスだと、同じく売上に注目したKPIとして客数と客単価が一般的です。Chapter 3で紹介した乗算型で売上を分解したのがまさにこれです。

また、店舗展開型のビジネスの場合、もっとも注目されるのが既存店売上高成長率と呼ばれるKPIです。これは、出店や閉店といった店舗数の増減の影響を除いた売上高の成長を示す指標です。多店舗展開業の場合、飲食でもアパレルでも、新聞などで業績が扱われる場合には、この指標が登場します。一般的に、店舗展開型ビジネスというのは、店舗数を増やせば必ず売上が伸びます。そこで、その事業の本来の実力に当たる自然

な力を見るためにこの指標があります。

　さらに、ホテルなどの宿泊産業では、売上が「部屋数×平均単価×稼働率」に分解され、とくに稼働率がもっとも注目されます。宿泊産業は、箱ものビジネスと呼ばれ、建物のような大きな資産を必要とします。とすると、稼働していなくても稼働していても建物の費用はかかりますので、とにかく稼働させることが大事になります。逆に、部屋数は建物の大きさが変わらない限り増えることはありません。また、平均単価も設備や立地といった固定的な条件によるところが大きく、さらに他との競争で決まりますので、自分たちの努力で変えやすいものとは言えません。したがって、宿泊産業の売上といったときに、KPIとしては消去法的に稼働率が注目されるわけです。

[2] KPIの見つけ方

　このようなKPIは、すでに皆さんの会社で使われていることも多いでしょう。先人の知恵として、自部門で代々受け継がれているものもあるはずです。受け継がれているものは、たとえそれがKPIとされている理由は不明でも、よく考えると理にかなっているということがよくあります。皆さん管理職はチームメンバーに説明する必要もありますから、**なぜそれが自部門のKPIとされているのか今一度自分で考えるようにしましょう**。

　例えば介護業界では、従業員の定着率がもっとも重要なKPIだという話を経営者から聞いたことがあります。先ほどのホテルのように箱ものビジネスなので、稼働率かと思いきやそうではないというのです。その理由は、従業員が定着すれば、入居者へのサービスが安定し、入居者の満足度が上がる結果、売上にもつながるからだといいます。そして慣れた従業員ばかりであれば、トレーニングに要する時間がかからないためにその分

の人件費が浮き、さらに募集に関する広告や面接などの業務が頻繁に発生しないというように、良いことずくめだということでした。

このように、**KPIが何かだけではなく、なぜこれがKPIなのかその仕組みまでしっかり理解することが重要です**。

もし新たにKPIを設定したいということであれば、まず同業他社の情報に目を向けるのが良いでしょう。上場している同業他社の決算情報や、業界新聞などで紹介されているものをもとに検討すると手間が省けます。

③ 社内では、さらに細かくKPIを設定

先ほど小売業では、一般に売上を客数と客単価に分解すると言いました。実は、これは社外向けの説明を意図した分解の仕方であり、社内ではアクションを意図してもっと細かく分解することも多いのです。

例えば、コンビニを想定しましょう。お客さんは1点だけではなく何点かまとめて購入することが多いので、客単価は「商品単価」と「商品点数」に分解されます。また、オフィスビルのコンビニでは、一日に何度も来るお客さんもいます。そこで(のべ)客数は、「純客数」と「来店頻度」に分けることができます。

しかしなぜ、このように分けるのでしょうか。それは担当する部門が異なるためです。商品単価というのは、店の品揃えで決まるものですから、商品を仕入れる商品部門が大きく関係します。また、商品点数は、レジ周りには安価なガムなどが並んでいるように、陳列方法も影響しますので、それを指示する店舗サポート部門の責任でもあります。さらに、純客数というのは、どこにその店が立地するかで大きく変わってきますので、店舗を出す場所を決める店舗開発部門次第と言えるでしょう。

そして、来店頻度を上げるのは、テレビコマーシャルやいろいろなキャンペーンをやって来店を促す広告宣伝部門の役割です。

こうしてみると、売上はすべて販売や営業の責任とみなされがちですが、売上を構成する要素によって、関与する部門というのは実に多様です。このケースでは4つに分解しました。KPIについて、「何をどれだけ頑張るかという役割分担だ」という話をすでにしましたが、**正しい部門に割り当てなければ、達成することはできません**。実務では、部門ごとの職務分掌が明確に決まっていることが多いので、社内でKPIを設定する場合には、細かくなりうることを知っておきましょう。

④ トレードオフに注意

もう1つ、**KPIの性質として押さえておいてほしいのが、トレードオフ（両立不可能性）が発生しがちということです。**

分かりやすい例として、引き続き小売業の客数と客単価の分解で見てみましょう。コンビニは客数が多いものの、客単価は数百円と低めです。一方、デパートに並ぶ高級ブランド品店は、客数は少なめですが、客単価は高くなっています。このように、客数と客単価は逆の傾向を示します。

したがって、来年度の売上を一定水準まで上げるために、客数と客単価を両方上げるという目標は、実は難しいのです。客数を上げるためには、値下げしたり、お金をかけてキャンペーンを行ったりすることになるでしょう。しかし、そうすると、客単価は下がりがちです。つまり、この二兎は同時に追いかけることが極めて難しいのです。

自社のビジネスの特性を理解していれば分かるはずなのですが、慣れないKPIとなると、このような単純な算数のような分解で目標を立ててしまうことがあります。気をつけましょう。

③ KPIの設定の仕方

> 荒谷さんの探していたものは、『予算作成』のフォルダにありました。
>
> そこには営業課の各メンバーが売上目標以外に立てた目標——営業活動の受注成約率や新規開拓案件の目標数——が記載されています。数か月前の予算作成の際、収益10％増を目指せるように調整したときの部内資料でした。
>
> 「なんだ、似たようなのはもう作っていたんだ。それなら……」
>
> 荒谷さんは、その資料を見ながら何やらファイルを作りはじめました。

1 先に決めるべきこと

KPIを設定する際、事前に決めることは2つあります。何をどれだけ頑張るかを示すのがKPIだとすでにお話ししましたが、その「何を」と「どれだけ」を決めます。ポイントは、**両者を決める場面が必ずしも同じではないということ**です。

「何を」KPIにするかは、自部門のKPIを選ぶ際に決めます。つまり、KPIの導入時または見直し時に、指標選びを行います。そのうえで、具体的な数値（「どれだけ」）を決めるのは、年度や四半期といった目標設定の都度です。これにより、どの水準を目指すのかが決まります。

KPIに関して決めるべきこと	
何を	いつ
どれを自部門のKPIにするか	導入または見直しのとき
どの水準を目指すか (具体的な数値)	目標設定のとき

2 自部門でコントロールできるか

**KPI を決めるときに、外してはならないチェックポイントが
いくつか存在します。まず、自部門でコントロールできるもの
かどうかです。**

皆さんの家庭でも電気代を払っていると思います。もし電気
代を安くしたいと思ったら、どうしますか。明細を見てみると、
当月の使用量や単価が書かれています。単価は電力会社が決め
たものですから、皆さんが頑張って減らせるのは使用量だけで
す。つまり、自分たちで頑張ってどうにかなるものなのかを必
ず確認しましょう。

また、一般的に価格は、他社との競争などにより自社では変
えづらいものです。KPI にしようとしているものが、社外の影
響を大きく受けるものではないかどうか必ず確認しましょう。

さらに、自社の中でも自部門での設定が適切かも確認しま
しょう。小売業における 4 つの売上 KPI に分解した事例でも
お話ししましたが、自部門の業務分掌で対応できるのかどうか
です。

**社内、それも自部門で対応できるものでなければ、KPI とし
て取り組む時間とエネルギーが無駄になってしまいます。**

5

K
P
I

③ 状況によってKPIを変える

　先ほどトレードオフの話をしましたが、実務ではどのように対応したら良いのでしょうか。わたしが以前勤務していた日本マクドナルドでは、当時のCEOが客数にまず注力するということを、当初から口を酸っぱくして伝えていました。そうすることで客数を上げるための施策ばかりが全社から出てくるようになり、それに全力で取り組んだ結果、客数が増えました。すると今度は、客単価を上げようということで高単価の商品開発などにシフトしました。このように**トレードオフの関係にあるものに、同時にではなく、段階を分けて取り組むというのも１つの方法です**。

　それ以外の例として、事務作業の外部委託があります。皆さんの部門で経費精算業務を、外部に委託することにしたとしましょう。自分たちで行うよりもコストが安いためです。移行直後は、まず安定稼働させることがもっとも重要ですので、処理件数をKPIとします。チームメンバーが慣れて稼働が安定してきたら、当初の目的であるコスト削減率をKPIとします。実際には、当初からコスト削減率をKPIにしてしまうことが多いのですが、まだ不慣れな現場のメンバーを混乱させる原因になり、結果として稼働が進まずコスト削減もうまくいかない状況になりがちです。ぜひ管理職である皆さんは、**状況に合ったKPIを設定するようにしましょう**。

④ 容易に入手できるか

　KPIの次のチェックポイントは、**数値が容易に、かつタイムリーに入手できるかどうかです**。例えば、手集計しなくてはいけないような指標では、数字が確定するのに日数を要してしまいます。そもそも、かかる手間がもったいないです。

　さらに、KPIの目的でもある進捗管理に影響が出ます。もし、

目標に対して実際の KPI が未達ということが分かったとして
も、その数値の集計が遅くなればなるほど、改善のための活動
期間が減ってしまうのです。KPI の目的は状況を改善すること
であり、集計することではありません。

　そのため、**原則として、人手での集計が不要なものを KPI
に選ぶようにしましょう**。

⑤ 業務が分かるからKPIの設定ができる

　以上のとおり、KPI の設定には、考慮すべきことが多くあり
ます。同業他社や自社のこと、そして自部門のことを理解して、
はじめて適切な KPI を設定することができます。また、KPI を
効果的なものにするためには、他部門との職務分掌に加え、実
際のパワーバランスのような見えないものが影響することもあ
ります。例えば、職務分掌規程で各部門の役割が定められてい
るものの、実際には規程と異なるカタチで運用されているケー
スもしばしばです。コンプライアンス上は問題ですが、実際問
題として部門トップの力関係次第で、実際の運用が変わってく
るということです。したがって、**自部門の本当の業務範囲を確
認しながら、正しい KPI を設定しましょう**。

5

K
P
I

Chapter 5

④ KPIの思わぬ 副作用と誤解

> 　荒谷さんはこのKPIもどきを、本当の意味でKPIとして活用することを考えました。早速『KPI』というフォルダを作り、資料をコピーして手を加えようとします。
>
> 「いや待てよ……」
>
> 　急に踏みとどまる荒谷さん。
>
> 「KPIを作っても、決算や業績見込に対する評価は結局売上金額で行う……営業課だけで使っても、数字の目標が増えてかえって皆困るんじゃないか?」
>
> 　一般社員時代、数字に苦労していたからこその感情でした。

1 記事からKPIの副作用を学ぶ

　最近、新聞やインターネット上のビジネス記事でもKPIを目にするようになりました。それは、不祥事が起きた際に、社内の目標としてKPIに採用していたものが、不祥事の原因の1つとして取り上げられているためです。

　例えば、某金融機関では、頻繁に金融商品の契約と解約を繰り返す営業が横行したため、ノルマを新規契約額から預かり資産残高に変更したという話がありました。また、某生命保険会社でも、勧誘電話の回数や顧客訪問回数を厳しく管理することで、過剰なノルマを達成させようとしたことが明るみに出ました。

　この背景には、公平な評価を目指すために定量的指標を人事評価で重視するようになったこと、そして成果を上げた人には

給料や職位などでその分を報いるようになった成果主義といった人事施策があります。**KPIはその特性として、ひとたび設定されれば単なる努力目標ではなく、個人の生活や人生にまで影響しかねないほどの力を持っているのです。**

　皆さんもKPIを設定する場合、このような負の側面まで必ず理解するようにしましょう。そのためには先ほど挙げたビジネス記事が良い勉強材料の1つになります。記事を通じて、どのようなKPIを使っていたのかを知ることも、とくに同業種であればとても参考になるでしょう。それ以上に、**業種を問わずぜひ考えていただきたいのが、設定したKPIがどのような経緯で不祥事につながったのか、その仕組みです。**なぜなら管理職の皆さんは、KPIを設定する側にいます。皆さんの設定の仕方で、チームメンバーが不正の誘惑にかられないとも限らないのです。そのような思考や嗅覚が働くように、設定の段階で冷静にリスクに気づけるようになることが大切です。これは、**自分やメンバー、ひいては会社を守るためにとても大事なことです。**

　不祥事でなくても、最近のビジネス記事では、KPIを取り組みのカナメとして紹介するような記事もよく見かけるようになりました。各社がKPIを活用しているからこそだと思います。この場合には、情報収集として読んでおくと良いでしょう。

② 人材採用にKPIを活用すると？

　採用活動を行っているどの会社も、より良い人材を採用するために試行錯誤を重ねています。とくに、スタートアップと呼ばれる新興企業では、採用をあの手この手で工夫しています。スタートアップ企業では、さまざまな事業でKPIの活用が進んでいるケースが多いのですが、採用についても、KPI管理が導入されています。その一例を紹介します。

とあるスタートアップ企業では、来年度の新卒採用人数を10人と決めました。採用人数を、「応募人数」と「採用率」の2つのKPIに分解し、この会社は応募人数をなるべく減らすことにしました。一般には、応募者数がある程度多くないと良い人材が取れないと考えられがちですが、なぜこの会社はこのように考えたのでしょうか。それは、応募人数が増えると、書類に目を通したり、面接の手配をしたり対応する手間がかかってしまうためです。規模が小さなスタートアップでは、人員にあまり余裕はなく、規模の大きい採用活動が難しいのは事実です。さらによくよく考えれば、採用人数を達成することが目標ですので、応募人数自体は必ずしも達成する目標ではないのです。

　そう考えたこの会社は、リファラル採用を中心に採用活動を進めることにしました。リファラル採用というのは、自社の従業員が自分の知り合いを紹介する採用手法のことです。紹介に当たり、従業員が自社について話をしてくれるので応募者の理解が深まりやすく、また社内の風土をよく知る従業員が紹介する人材であれば、自社に合う可能性が高いわけです。そうすれば、応募人数が結果的に減ったとしても、採用率が高まり、採用人数も確保できると考えられます。実際に、この会社は難なく予定どおりの採用人数を達成することができました。

③ KPIの好ましい向きは戦略次第で変わる

　このことから言えるのは、前述の例に挙げた応募人数のように、世の中で言われているような<u>「常識とされる数字のベクトル」というのは、一律には存在しないということです</u>。数字を上げるか下げるかの答えは1つではありません。それを決めるのは、自社の戦略なのです。

　すでに紹介した小売業の「売上分解＝客数×客単価」でも同じことがいえます。同じスーパーマーケットでも、高級食材

中心、ミニスーパーなどいろいろな形態があります。高級食材中心であれば、ちょっとした贅沢品を買い求める客をターゲットにするはずですので、高い客単価を目指すでしょう。しかし、ミニスーパーであれば、すぐ使える日用品を買い求めるケースが多いでしょうから、客単価はそれほど高くならないはずです。もしミニスーパーが高い客単価を目指したら、より上質な商品を置いたり、買上げ点数を増やす施策を取ることになりますが、それは本来の目的から外れてしまいます。つまり、ある程度低い客単価であることに、ミニスーパーの価値があり、それが戦略といえます。

　選んだ KPI の水準を決める際には、そもそも向きはこれで良いのかということにも注意してみてください。

5

K
P
I

5 KPIの 効率的な管理

> 　しかしKPIに躊躇しながらも、一方で別の感情も湧いてくる荒谷さん。
> 「でも、売上金額をいちいちチェックするのは皆も面倒だろうし、売上の確定額はあとになって意外によく変わる……それなら案件を1件、2件と数えたほうが助かるのでは？」
> 　少し考えて、アッという顔をする荒谷さん。
> 「若井さんには、むしろKPIは目標が明確で分かりやすいんじゃないか？」

1 KPIのデータベースは1つだけに

　KPIが決まると、定期的に報告するために、数字を管理する必要が出てきます。対応できるシステムがあればそれをぜひ使いましょう。ない場合には、エクセルなどで別途集計管理することになると思いますが、このとき大事なのは、**集計管理のためのデータベースは社内に1つだけにする**ということです。

　例えば、売上関連のKPIは重要なので、営業と経理でともに参照することがよくあります。このとき、問題なのは、それぞれの部門が元データを落としてきて、データベースを別に作ってしまうことです。小数点以下の処理方法やデータを落としてきたタイミングによっては、両者のデータベースが異なる数字を持つことになりかねません。それぞれの部門がこの数字を経営者に報告してしまったら、なぜ数字が一致しないのかと尋ねられ、その原因調査という余計な仕事につながります。

「計算方法や元データを落とすタイミングをしっかり決めて2部門で徹底すれば良いのでは」と思われるかもしれませんが、頻度が高い場合には、オペレーションの負荷が高くなり運用しきれません。**ルールで対応するのではなく、データベースを1つにしてどちらかの部署のみで管理し、もう一方の部署はそれを参照するという方法が最も望ましいと言えます**。そうすれば、作業が重複していたものがひとつになるので、時間削減にもなります。

② KPIが複数ある場合は並べ方に注意

複数のKPIを同時に報告する場合には、その関係性が分かるように表にしましょう。例えば、すでにお話ししたとおり、

売上＝客数×客単価

＝（純客数×来店頻度）×（商品単価×商品点数）

と分解できます。そうであれば、ぜひ図のようにその関係性が分かるように並べてください。そうではなく、例えば純客数の横に商品点数というのでは、見る人が混乱してしまいます。

報告するための表を作成するときに重要なのは、この並べ方を続けるということです。他にも、これらのKPIを報告する資料があるのであれば、そこでも同じ並び順にしてください。

そうすることで、**見る人が都度理解する手間が減り、慣れれば見たいところにすぐに目が行くようになるはずです。また、作成側も並び順で頭を悩ます必要がなくなります**。

さらに、細かい話ですが、桁数をどこまでにするかや、表示単位もあらかじめ決めておきましょう。小数点以下が発生する指標であれば、小数点以下第1位までなのか第2位までなのか。表示単位も、％で表示するのか、0.XXというカタチで表示するのか。そうすることで、他の資料との整合性も取りやすくなります。

大事な数字ゆえ、KPI を報告するのですから、ぜひ見栄えにも最後まで気を配るようにしてください。

	売上				客単価		
		客数					
			純客数	来店頻度		商品単価	商品点数
4月							
5月							
︙							
3月							
年合計							

KPI管理表

6 KPIの予算管理への活かし方

しばらくして、荒谷さんは若井さんと社員教育の一環として面談を行いました。

営業課のメンバーと打ち解けて社内に溶け込みつつあるようで、おおむね良好な反応が返ってきます。

「ところで若井さんについて、わたしのほうで営業目標を立ててみたんだ」

場もほぐれてきたと見て荒谷さんが切り出すと、若井さんの表情はこわばってしまいました。新入社員はまだ先輩社員の手伝いぐらいが精一杯な状況ですから無理もありません。

荒谷さんは、なるべく威圧感を与えないように注意しつつ、用意した資料を提示しました。

---

1 KPIは予算管理とのブリッジ

ここまで見てきたKPIは、本書のテーマである予算管理とどのように関係するのでしょうか。結論から言えば、**KPIは予算管理とのブリッジ（橋渡し）として機能します。**

予算管理の場面でKPIを使うのであれば、財務数値とのひもづけをするようにします。例えば、客単価のKPIを売上に結びつけるのです。予算管理を担う経理部門やその先にいる経営陣は、財務数値で物事を捉えます。皆さんにとっては、日頃の主眼はKPIだったとしても、相手は少しそこが異なるのです。そこで、自分たちの言葉であるKPIを、相手の言葉である売上などの財務数値に翻訳して話すようにしましょう。

そうすることで、財務数値と事業の関係が分かりやすくなります。しばしば聞かれるのが、決算書の財務数値と実際のビジネスのつながりが、分かりづらいという声です。KPIはまさにこの点をつなぐ役割を果たしてくれます。

　もともとKPIの定義のところでもお話ししたとおり、KPIは業績の改善につながる数値なのですから、つながりを明確にするのはそれほど難しくはないはずです。

　わたしの経理部門での経験からしても、**事業部門の方が、KPIの数字に絡めて事業の状況を説明したり、さらに財務数値にコメントしたりすることは、経営者にとってはとても役に立つ情報と言えます。経理部門にとっても、KPIは予算管理にも役立つツールなのです。**

　すでにご紹介してきた予算管理の実務に、ぜひKPIをうまく組み込んでみてください。これにより、**皆さんにとっても、財務数値の説明が格段にしやすくなるはずです。**

② 月次決算では、差異コメントにKPIを活用

　まず、予算管理の実務のうち、月次決算報告においては、PLの差異コメントにKPIを含めるようにしましょう。例えば、売上が減少したのは、客数減の影響といった具合でも構いません。

　これは経営者にとって、KPIと利益の関係が明確になるという大きなメリットがあります。KPIは間接的に業績に影響しますが、その具体的な関係性についてPLの報告では触れられないことも多く、非常にもったいないことです。本来、月次決算の報告で伝えるべきは、単なる数字ではなく、事業において何が起きているかというメッセージです。**KPIを間に挟むことで、事業の状況がよりクリアに伝えやすくなると言えます。**

　差異のコメントをする際には、できればその影響を金額で説

明できるとさらに**説得力が増します**。例えば、売上の減少を、客数と客単価の影響に分解する場合には、下図のように計算します。

　単純に、客数減が主要因と言われるだけよりも、実際の金額で説明されると、経営陣は興味を示すことが多いものです。その結果、数字の背景にある事象を経営陣同士で議論することで、次の手を考えることにもつながります。グラフなどにしても見栄えがします。余裕があれば挑戦してみてください。

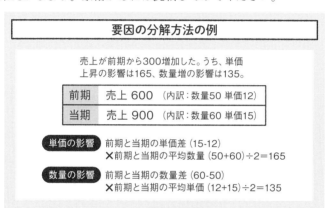

要因の分解方法の例

売上が前期から300増加した。うち、単価
上昇の影響は165、数量増の影響は135。

| 前期 | 売上 600 （内訳：数量50 単価12） |
| 当期 | 売上 900 （内訳：数量60 単価15） |

単価の影響 前期と当期の単価差 (15-12)
　×前期と当期の平均数量 (50+60)÷2＝165

数量の影響 前期と当期の数量差 (60-50)
　×前期と当期の平均単価 (12+15)÷2＝135

③ 予算作成にはKPIを織り込もう

　すでに予算作成のところでお話ししたとおり、関連する KPI がある場合には、**乗算型のカタチで構成要素として織り込みましょう**。実際に皆さんの部門で管理している KPI であれば、十分理解しているので、織り込むことは容易ですし、説明もしやすいはずです。

　逆に言えば、自分たちが日頃使っていない枠組みをもとに予算を作成してしまうと、準備や説明の手間が生じてしまいます。そうならないように、なるべくシンプルにしましょう。使う数字は日頃見慣れている KPI に結びつけるようにすることで、

5

K
P
I

手間を減らします。

　このことは、業績見込でも同様です。業績見込の場合には、予算作成ほど前提条件を経理部門などに求められることが少ないと思いますが、皆さんが数字を作るうえでやりやすいのであれば、KPI を内訳として用意するのも 1 つの手です。

　ポイントは、**自分たちになるべく身近な数字に落とし込むことで、自分たちの土俵に持ち込み、予算管理をスムーズにすることにあります**。その観点で、ぜひ KPI を活用してください。

⑦ 部下とのKPI コミュニケーション

> 緊張の面持ちで資料に目をやる若井さんでしたが、しばらくして疑問の表情が浮かんできました。
>
> 「すみません、この目標には件数だけで、売上額が載っていませんけど……」
>
> 素直に疑問を口にする若井さん。
>
> 「ああ。若井さんにはまず業務に慣れてもらうために、どんな小さな案件でも良いから、まずは数をこなしてほしい。売上額まで考えてしまったら、二の足を踏んで動けないことがあるかもしれない。だから、まずは件数だけを目標にしてみよう」
>
> 疑問の氷解と明確な目標が示されたことで、若井さんの表情は、いくらか和らいだのでした。

1 部下の評価目標に入れる

KPI の設定が終わり、予算管理にも連動させることができました。しかし、まだやることがあります。それは、チームメンバーとの共有です。

ここまでの過程では、KPI は単なる数字に過ぎず、まだ計画段階です。**実行段階に持ち込むには、ともに行動するメンバーへ KPI をしっかり落とし込むことが重要です。具体的には、部門の KPI を各人の評価目標に入れるのが良いでしょう。**

最近は MBO（Management By Objectives、目標による業績管理のこと）と呼ばれる個人の評価も、従業員自身で目標を決めて、自分が決めた目標に対して達成できたかどうかで評価判

断する制度を取り入れている会社も多くなってきました。とくに、評価がしやすいように数値目標を入れることが勧められています。

逆に言えば、部門で KPI として定めている指標以外を評価目標に入れてしまうと、KPI の達成が二の次になってしまうおそれがあります。メンバーにとっては、自部門の KPI につながる行動を頑張るモチベーションが生まれにくくなってしまいます。皆さんにとっても、とかくもめやすい評価づけのことを考えると、二重目標のような状態になるよりは、あらかじめすっきりさせておいたほうが賢明といえます。

2 優先順位を伝える

部門内で取り組む KPI が複数ある場合には、必ず優先順位を伝えるようにしましょう。すでにお話ししたとおり、複数の KPI がある場合には優先順位をつけることが達成には必要でした。優先順位を決めるだけではなく、優先順位を「正しく伝える」ことも大事です。実際に目標に向かって頑張るチームメンバーに正しく理解してもらわないことには、正しく行動してもらうことはできません。

では、どうすれば「正しく伝える」ことができるでしょうか。わたしが日本マクドナルドに勤めていた頃の話として、先ほどの CEO が、全社員会議の場で「客数をまず上げよう」と呼びかけたのは話したとおりです。経営陣のトップが言っている、そしてそれを皆で聞いたとなれば、それを疑ったり逆らったりする人はほとんどいないでしょう。このように、経営者から直接社員に伝えることは非効率に見えますが、実はとても効率が良いのです。ただ、皆さんの立場では、経営陣に話してくれとは言えないと思いますので、せめて**メンバーが勢揃いしやすい定例会議などを活用し、繰り返し伝えるようにするのが良いで**

しょう。それも KPI や評価の話題だけではなく、それ以外の
トピックのときにもこの優先順位を引き合いに出して伝えるこ
とで、本気度が伝わり効果的です。

　**部門全体では複数の KPI があったとしても、まだキャリア
の浅いメンバーには、まずは 1 つだけを割り当てるというの
も良いと思います**。部門全体で目指す KPI の水準を達成する
ために、皆さんはチームメンバーの力量や経験などを踏まえて
数値を割り振ると思います。機械的に割り振るのではなく、個
人の特性を理解したうえで KPI を割り当てるようにしましょ
う。

③ 定期的に進捗を知る機会を持とう

　**チームメンバーの評価目標に組み込んだから安心と思うかも
しれませんが、そのままにせず進捗管理も怠らないようにしま
しょう**。評価に関する面談は、1 年に 1 〜 2 回程度の会社が多
いようですが、半年後に「KPI の進捗どう？」と聞いても手遅
れになりかねません。**少なくとも 3 か月に一度程度は、実際
の数字を見て一緒に確認するようにしましょう。ここで大事な
のは、実際の数字を見るということです**。本人の感触や今後の
意気込みを聞くだけでは不十分です。実際の数字を見ることで、
客観的に状況を把握することが可能になります。それができる
よう、KPI は数字が入手しやすいものにあらかじめしておくべ
きと言えます。

Chapter

6

部門別PL

7月

　若井さんにKPIの目標を与えて、またしばらく経ちました。

　彼のメンターである先輩社員によれば、6月下旬に売上数万円の案件ながらはじめて独力で受注できたとのことです。かかった経費や人件費を考えれば赤字かもしれませんが、このことで若井さんは自信をつけたらしく、より大きな案件の受注が成立しそうとのことでした。

　若井さんの成果を、荒谷さんは自分のことのようにうれしく感じました。自身が去年10月に課長になって以来、先人のまねをしたり、自分が教えられたりすることが多く、実は荒谷さんにとってもこの1件は、管理職としてはじめて独力で出した成果とも言えました。

　その感慨深い気持ちをそのままに、もっと管理職としてできることはないかと何気なくネット記事を見ていた荒谷さんに、ある単語が飛び込んできました。

「部門別PL?　PLって言えば決算資料の……?」

1 部門別PLの役割

　これまでのように、まずは『予算管理』の資料を探ってみた荒谷さんでしたが、部門別PLと思しき資料は出てきませんでした。そこで、思い切って上野支店長に尋ねてみました。

「支店長、部門別PLって何かご存じないでしょうか？」

　支店長は少し驚きの表情を見せましたが、すぐにパソコンを操作しはじめ、とあるファイルを荒谷さんに見せてくれました。

「支店単位でPL、つまり損益計算書を作っているんだ。各支店の業績を見るためにね」

1 部門別PLで「自分事化」する

　部門別PLとは、部門の単位で作られたPL（損益計算書）のことを指します。

　もっとも皆さんがよく目にするのは、会社全体を1枚で表したPLだと思いますが、これを全社PLと呼びます。さらに、近年は会社単位ではなく、グループ会社も含めたグループ全体のPLを見てみようということで、さらに大きなPLが作られるようになりました。これは連結PLと呼ばれています。全社PLや連結PLは主に、投資家など外部の人に会社の業績を伝えるために作られ、公表されます。一方の**部門別PLは、社内の人が部門の様子を理解するために作られます**。

　これら2つのPLと部門別PLの違いは、対象範囲の大きさです。連結PLであれば、売上高数兆円、従業員数数十万人という規模の数字がA4用紙たった1枚で表されることも少なく

ありません。一方、部門別 PL は発想が逆です。皆さんの部門の様子がよく分かるように、細かく数字が分解されて作られています。部門の数だけ作られる部門別 PL を集合させると、全社 PL になります。

	A支店		B支店		…	Z支店		全社合計	
	千円	%	千円	%		千円	%	千円	%
売上									
売上原価									
売上総利益									
変動費									
交通費									
交際費									
…									
限界利益									
固定費									
個別固定費									
給料									
家賃									
水道光熱費									
…									
部門利益									
共通固定費									
本社費									
…									
営業利益									

なぜわざわざ細かくするのでしょうか。普通に考えて、数字を細かく作るのには手間がかかります。それでも作るのは、**社員たちに部門の業績を「自分事化」してもらうためです**。

例えば、全社 PL しかないと、自分 1 人が何かしたとしても、その成果はなかなか見えにくいものです。しかし、対象範囲のより小さな部門別 PL であれば、数人〜十数人程度で構成される部門なら、個人の成果が見えやすくなります。そうすることで、**各人の成果や責任をひもづけて見える化し、実現性を高めてもらおうと会社は考えるのです**。

会社は複数人で構成されているので、お金について自分事化するための仕組みや行動が必要なのです。JAL 再生のカギと言

われたアメーバ経営も、部門別 PL と同じく、少人数の集団にすることで効果を引き出した好例と言えます。

② 細分化は管理会計の鉄板ワザ

部門別 PL は、全社 PL を「細分化」したものです。

この本で取り扱っている予算管理は、管理会計の一分野です。**管理会計では、この細分化というテクニックがよく出てきます**。すでに勉強した KPI もそうだと気がついた方は、素晴らしいですね。KPI も、実際に業務行動と結びつけたカタチで、各人に合うように細分化されたものなのです。

前半で紹介してきた予算管理を実行するには、実際に頑張るチームメンバーを導く仕組みが必要です。そのためには、細分化して誰が何をどれだけ頑張るかを明確にすることが重要です。そこで、**頑張る対象と分担を明確にする KPI や部門別 PL を導入することで、実行がスムーズになるのです**。これら 2 つは、PDCA を回すための管理会計のツールとも言えます。

③ 細分化の仕方は1つではない

全社 PL を細分化する方法は、部門別 PL だけではありません。例えば、製造業などでは、「製品別 PL」を作ることがあります。これにより、どの製品を売るのが最適か分かりやすくなります。

ここで大事なのは、**PL を作ることで利益が見えるということです**。製品別の売上だけであれば、どの会社でも販売管理システムなどを見れば容易に分かるでしょう。しかし、製品によっては製造原価が高いものや、設置費用などがかかるものであれば人件費を要します。そのため、それぞれの製品にかかった費用を製品ごとに把握して記録すれば、売上と費用から製品ごとの利益が見えるようになります。ただ、この過程は手間がかかるので、実際に取り組む会社はあまり多くありません。

製品別 PL 以外にも、「時間帯別 PL」という考え方があります。例えば、24 時間営業を行っている飲食店では時間帯ごとの売上を出すことで、どの時間帯がもっとも利益が得られるかを把握することができます。その結果によっては、人員配置の工夫による人件費の効率化や、いっそ 24 時間営業をやめるという意思決定につながることもあるでしょう。これも、時間帯別の売上だけなら POS システムなどで容易に分かりますが、食材費や人件費を計算したり、それ以外の費用を按分したりするなど、作成に手間がかかります。

製品別 PL や時間帯別 PL では、細分化した PL を作る際、費用を製品ごとや時間帯ごとに把握する必要があります。一方、部門別 PL では、部門に人がひもづいています。人、つまり社員の人件費は人事部門が管理していますし、その他の費用も社員に尋ねればおおよそ申告してくれるため、費用を把握しやすく、少ない手間で部門別 PL を作成可能なのです。さらに、単に細分化された PL を作るだけではなく、振り返りや人の評価に結びつけられることを考えると、部門別という単位は継続的なので扱いやすいものです。したがって、**実務では細分化された PL として、部門別 PL がもっとも多く採用されていると考えられます。**

4 部門別PLの目的

部門別 PL を作る目的は、どの部門が利益を上げているのかを把握することです。売上を上げているのか、ではありません。売上をたくさん上げていても、それ以上に費用を使っていたら、利益はなくなってしまいます。笑い話のような例ですが、とある会社の営業部門で、売上を上げるために客先の移動はすべてタクシーを使うというケースがありました。業務時間内に 1 件でも多くの営業先を回ることはできたのかもしれませんが、

タクシー代に見合う利益が得られたか、疑問に思う方がほとんどでしょう。部門別PLを見ることで、売上と費用の双方の実態を把握することができます。つまり、**部門別PLはその部門の貢献もコストも、プラスマイナスすべて合算した成績表のようなものだと言えます**。

そのため、会社の中では、ときに支店撤退や部門再編などの大きな事案の判断材料として使われます。はじめは改善点を何点か挙げてその推移を見守りますが、それでもうまくいかなければ、大がかりな対応として組織的な撤退の意思決定につながります。

まずは**自社が部門別PLをどのように使っているか、しっかり把握しておくようにしましょう**。とくに要注意なのは、物理的な拠点があるケースです。例えば、多店舗展開業や営業拠点を全国に持っているメーカーなどは、おそらく店舗や支店別に部門別PLが作られているはずです。撤退を検討する場合には、必ず各拠点の店舗別PLを参考にしますので、自部門が現状どのようになっているかについて注目してみましょう。

⑤ 部門別PLの活用パターンは2種類

部門別PLの活用法には、大きく分けて2つあります。

まず1つは、**会社の中にまったく異なる事業が混在しているタイプでの活用法**です。例えば、自社の中で小売業と卸売業を両方展開している場合があります。小売部門と卸売部門とではビジネスの仕方が異なるため、当然利益の出し方も異なってきます。ということは、両部門を比較してもあまり意味がないのです。そのような場合には、卸売業や小売業を営む他社のPLとそれぞれ比較したほうが良いのです。全社PLだけでは異なるビジネスが混在してしまっていますが、部門別PLとして細分化することで、それぞれ意味のあるまとまりとして取り

出し、有益な比較ができるのです。

　もう１つのパターンは、同じものが複数混在しているタイプです。例えば、ユニクロやマクドナルドといった多店舗展開業は、全国に同じ店舗をたくさん出しています。それ以外にも、販売拠点として複数の支店や営業所を持っている会社は多くあります。この場合、それぞれの拠点ごとに部門別 PL を作成することで、お互いを比較することができるのです。苦戦している拠点を見つけて支援したり、うまくいっている拠点をベンチマークとして取り上げたりということが可能になります。つまり、この場合は、会社の中でお互いに比べるという使い方をすることが多いのです。

　このように、部門別 PL のタイプにより、社外と社内など、どこと比べるのが良いのかによって、使い方が変わります。

② 部門別PLのカタチ

> 　荒谷さんは静岡支店の部門別 PL をのぞき込みました。
>
> 　そこには静岡支店にある営業、製造、購買、管理などの各部門が列ごとに区切られ、利益や費用はその分類ごとに行で区切られて、それぞれの数字が入った表となっていました。
>
> 「営業課はここだね。いわばここの欄が課の業績すべてを表す、つまり営業課としての評価になるんだ」
>
> 　営業課としての評価——荒谷さんは支店長の言葉を深く受け止めていました。

① 部門別PLのカタチを決める考え方

　部門別 PL のカタチは、実は会社によって異なります。部門別 PL は管理会計の一環として作成されますが、その管理会計は、法律などのルールで必要なものではなく、自社が独自に行うものだからです。

　だからといって、管理会計は完全に自由というわけではなく、一定の考え方にもとづいて作られています。逆に言うと、その考え方を押さえておけば、どんな会社の管理会計 PL も概要を理解することができるのです。ここでは、その考え方をご紹介します。

　まず、一番上には売上がきます。これは普通の PL と同じですね。続いて、費用が2種類に分かれます。変動費と固定費です。Chapter 3 で説明したとおり、管理会計においてはとても重要な考え方ですので、記憶が怪しい方は、振り返って復習してお

きましょう。要は、売上に比例する費用かどうかで分かれます。

　ここからが新しい話です。**固定費を2つに分けます**。それは、部門内で発生するものと、部門外で発生するものです。例えばある会社に、静岡支店と、それをサポートする本社があるとしましょう。静岡支店では入っているビルの家賃、営業部門の人件費がかかります。同様に、本社でも本社の家賃、管理部門の人件費がかかっています。このとき、支店など**個別の部門で実際に発生する固定費を、個別固定費**と呼びます。そして、本社のように、**特定の部門で発生するのではなく全社をサポートするために発生する固定費を共通固定費**と呼びます。

　なぜ、固定費を部門固有のものと共通のものにわざわざ分けるのでしょうか？　それは、**部門が存在することによる利益を把握したいためです**。支店が存在することで、売上も上がりますが、変動費に加えて、支店の家賃などの固定費もかかります。これらをすべて集計することで、支店の業績が計算できます。もしここに、本社の固定費を入れてしまうと、支店の純粋な業績が見えなくなってしまうのです。

　部門の利益を知る目的は、「撤退やテコ入れなど今後の大きな事案の判断材料にするため」という話はすでにしました。その目的のために、このような考え方をカタチとして取り込んでいるのです。

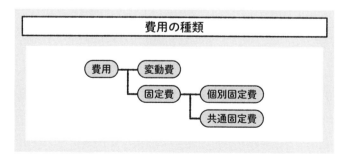

費用の種類

費用 ─ 変動費
　　└ 固定費 ─ 個別固定費
　　　　　　　└ 共通固定費

② 押さえるべきは、変動費率と個別固定費

カタチを理解したうえで、管理職である皆さんが実際に押さえておくべき数字を見てみましょう。

自分の部門の月当たりの変動費率と個別固定費の額は必ず覚えておいてください。

変動費率というのは、売上が増えたときにかかる費用である変動費の金額を売上で割ったものです。例えば、メーカーであれば製品の原価がそれに当たります。どのようなものが含まれるかというのは、自分の会社の部門別 PL を見て知っておけば大丈夫です。もし製品原価が 600 で、売上が 2,000 であれば、変動費率は 600÷2000 ＝ 30％と計算できます。変動費率を押さえておけば、追加で 300 売れたときは変動費が 300×30％＝ 90 かかるということがすぐに計算できます。

そして変動費以上に大事なのは、売上と計算で出た変動費から、利益が 300 － 90 ＝ 210 残るということがすぐに分かることです。ここで残る利益のことを「限界利益」と呼びます。ここでは 210 が限界利益ですね。そして、変動費率 30％のパーセンテージの残りである 70％が、**限界利益率**と呼ばれます。ちなみに**売上に限界利益率をかけると利益が計算できます**（300×70％＝ 210）。変動費率よりも、限界利益率を押さえておいたほうが、直接利益が計算できますので、少しとっつきにくい言葉ですが、覚えらえる方はこちらも覚えて活用できると良いです。これらの言葉を使って説明ができると、「管理会計を理解している」と経理部門や経営者から一目置かれやすいものです。

実際にビジネスでは、売上が伸びたときに利益がいくら残るかということを聞かれる場面があります。つまり、限界利益のことです。これは、売上以上に利益が大事であることを示していますが、この問いに即答できる管理職というのは非常に少な

いのが実情です。**用語を知ることも大事ですが、それ以上に、自分の部門の数字こそ活用できるように押さえておきましょう。**

　また、もう１つ、**部門の固定費の金額もぜひ押さえておいてください。**先ほどの例で、追加の利益が210上がったとしても、もし部門でかかっている固定費が1,000だったら、焼石に水です。部門の固定費は、必ずクリアしなくてはならない、ある意味ハードルのような費用です。自部門のハードルの高さがどのくらいかについて、忘れずに確認しておきましょう。

変動費率と個別固定費の位置づけ

	金額	構成比	
売上	2,000	100%	
変動費	600	30%	**（変動費率）**
限界利益	1,400	70%	（限界利益率）
個別固定費	1,000	50%	
部門利益	400	20%	

この2つの数字を押さえる

---

③ 管理可能と不能という分け方

　会社によっては、部門別PLにもう１つの区分が出てくることがあります。部門にかかる個別固定費を２つに分ける場合です。その判断は、部門長にとってコントロールできるものかどうかで決まります。**部門長がコントロールできると考えられるものを「管理可能個別固定費」と呼び、コントロールできないものを「管理不能個別固定費」と呼びます。**

　支店であれば、個別固定費のうち水道光熱費や交際費は、不在時消灯の徹底や接待回数の制限などを支店長が通達して管理

できる場合も多いでしょう。しかし、支店のオフィスに支払われる家賃やチームメンバーの人件費は、支店長の権限だけでは変えられず、本社決裁というケースが多いのではないでしょうか。この場合、水道光熱費や交際費は管理可能個別固定費、家賃や人件費は管理不能個別固定費となります。

ここでもまた、なぜ分けるのでしょうか。それは**部門長を評価するため**です。例えば、都心部と地方の支店では家賃の水準が異なります。にもかかわらず、家賃を引いたうえでの部門利益で支店長の評価が決まり、給料が決まるとしたら、皆さんはどう思うでしょうか。売上規模が同じなら、当然家賃が安い支店長のほうが有利になります。そして支店長がいくら頑張っても家賃を下げる権限がないのであれば、不公平だと感じても仕方ありません。そこで、支店長の権限の範囲内の費用だけを考慮した利益＝管理可能利益を計算することで、これを支店長の評価に使います。

ここで注意してほしいのが、部門長の評価に使わない場合には、わざわざ費用を2種類に分ける必要もないことです。人事評価に使わない会社では、この区分を見ることはありません。このように、**自社の部門別PLのカタチというのは、「自社が何を重視しているのか」という考えや取り組みが反映されています。きちんと理解しておくようにしましょう。**

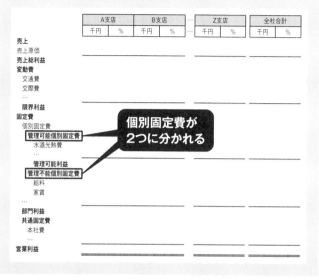

管理可能・不能区分ありの場合

	A支店		B支店		…	Z支店		全社合計	
	千円	%	千円	%		千円	%	千円	%
売上									
売上原価									
売上総利益									
変動費									
交通費									
交際費									
…									
限界利益									
固定費									
個別固定費									
[管理可能個別固定費]									
水道光熱費									
管理可能利益									
[管理不能個別固定費]									
給料									
家賃									
…									
部門利益									
共通固定費									
本社費									
営業利益									

個別固定費が
2つに分かれる

③ 部門別PLにも
ある誤解と副作用

> しばらく部門別PLの表を見ていた荒谷さんでしたが、この表には静岡支店以外の支店も掲載されていることに気がつきました。そこで他の支店にも目をやりましたが、その記載に疑問を覚えました。
>
> 「支店長。ここの支店はうちよりなんで経費が安いんでしょうか？うちのほうが売上は高いのに、経費が高いせいで利益に差があんまりないように見えます」
>
> 上野支店長は部門別PLに目をやり、少ししてから荒谷さんにこう答えました。
>
> 「これは荒谷課長。この支店はうちよりも地価の安い地域にあるから、家賃とかが安いんだよ」

① 自社の部門別PLの使い方を理解しよう

　紹介した部門別PLの基本形と、自社の部門別PLを比較することから、いろいろなことが分かったと思います。

　そして、管理可能と管理不能に個別固定費を分けるのは、部門長の評価のためという話をしました。しかし、実際には、「自分の会社は部門長の評価には使っていないのに、この区分が部門別PLに表示されている」という場合があるかもしれません。これはなぜかというと、自社仕様にカスタマイズせず、基本形のまま採用してしまった場合の典型例です。自社に合うカタチについて、考えや取り組みがないまま導入してしまっているのです。この場合、皆さんは区分された固定費の扱いに注意が必要です。**管理可能利益なんて表示があるのを見ると、経営陣の**

中には、部門長の評価に使って良いと思い込んでしまう人もいるからです。とくに、人事評価に使用していた他社から転職してきた経営陣がいる場合は、疑うことなくそう読み取るでしょう。しかし、実際のところ評価には従来使っていないのであれば、経理部門で個別固定費を管理可能と管理不能に分ける判定がいい加減に行われていることも珍しくないのです。とすると、この管理可能利益は、実際には評価に適しているものではないのに、勝手に評価に使われてしまうという、悲惨な結果を招くことがあります。

それなら、管理可能利益という項目を消すというのがもっとも適切だと思いますが、経営陣が使っている状況で皆さんから打診するのは難しいと思われます。ですので、ご自身が巻き込まれないように、正しく理解することと、誤った理解をした人がいたらうまく経理部門を活用して説明してもらうことが大切です（自分で説明する必要はありません）。

多くの場合、部門別PLの利用目的は、部門の評価にのみ使うか、部門と部門長の評価の両方に使うか、大きく分けてこの2つです。

② 縦と横を混同しない

部門別PLが評価に使われることについての誤解には、以下のようなケースも存在します。

ある支店長が、たまたま他の支店長と会話していた中で、自分の支店の家賃が他店の2倍であることを知りました。つまり、家賃の分だけ他店より個別固定費が高く、利益の計算上不利であることが分かったのです。

これは、実際にわたしが経理時代に経験した話です。そのとき、この支店長は、家賃を部門別PLから抜いてほしいと言ってきました。部門別PLには、支店以外にもたくさんの部門が

6

部門別PL

ありますので、例えば、家賃等を経理部門につけるということも経理の技術的には可能です。しかし、わたしはそれをしませんでした。なぜかといえば、**他の部門に費用をつけ替えてしまうと、支店自体の業績が分からなくなってしまい、部門別 PL の目的が達成できなくなる**からです。

　支店が存在する以上、家賃がかかるのは当然です。その費用を部門の利益の計算から抜いてしまったら、利益の金額は増えてみえるものの、金額的にも大きな家賃が含まれていないため、その支店が儲かっているのかどうかが分からなくなってしまいます。つまり、部門の利益を把握するためには、決して外してはならないのです。外すということは、他の部門につけるということですので、この金額は横に移動することになります。

　そこで、まず、**部門長の評価にこの部門別 PL を使っているのかどうかを確認しましょう。何度も言ったとおり、自社の部門別 PL の利用目的は必ず確認してください。**もし部門長の評価に使っているのであれば、管理可能・管理不能の区分の出番です。家賃を管理不能個別固定費にしてくださいと依頼すれば、部門長の評価には管理可能利益を使って、家賃の影響を外すことができます。また、評価に使っていないということであれば、そもそもそれほど気にしなくても大丈夫です。

　このように、**その部門で発生する費用というのは、部門長が管理できるかどうかにかかわらず、その部門別 PL につけるのが大原則です。**縦方向に数字を見れば、その部門のすべてが分かる状態にするべきなのです。しかしそれを勘違いしてしまい、「他の部門にこの費用をつけてくれ」と言って横方向の他の部門につけてしまうと、縦の原則が壊れてしまいます。ぜひ**縦と横の考え方**をしっかり理解して、**必要な情報が得られるようにしましょう。**

③ 強すぎる当事者意識につながるおそれ

上の例のように、部門別 PL というのは、自分の部門と完全にひもづいているので、管理職にとってはどうしても気になってしまいます。実際に人事評価に使われていない場合でも、なんとなく気になって、先ほどのような話が出てくることは多いのです。これは、**「自分事化」がうまく行き過ぎている**とも、捉えられます。部門別 PL の細分化によって自分事化が行き過ぎてしまうと、このように副作用が大きくなってしまうことがあります。副作用の例には、次のようなものもあります。

「費用を他の部門で全部持ってくれるのならやりましょう」
──これもわたしが経理時代に、とある部長から実際に聞いた言葉です。2つの部門合同で取り組む案件があり、業績向上につながることが見込まれ前向きに検討が進んでいました。しかし、費用負担の話になったとたんに出てきたのがこの発言です。この部長の部門別 PL は、すでに費用が予算よりも超過していたので、気になっていたのでしょう。とはいえ、もう一方の部門で全額負担することが難しければ、このままこの案件は流れてしまいます。まさに、**コストの押しつけ合いによる部分最適のせいで、全社最適につながらないケースです**。

このような場合、費用負担の按分について話し合う、これによる予算超過は特例扱いとするなどいろいろな手が実際には考えられます。個別の方法は経理部門と話し合う中で見つかるはずですので、皆さんにまず理解していただきたいのが、「だからやめる」という決断を即座にせず、ビジネス視点で考えてほしいということです。予算管理方法が原因で、いわゆる「セクショナリズム」が発生し、会社の業績向上につながらないというのは、本末転倒です。**皆さんが、この案件はやるべきという強い意志を持ちながらも、このような点で何か課題を抱えた場合には、ぜひ経理部門に相談しましょう**。

4 部門別PLの 実務チェックポイント

「……申し訳ありません、不勉強でした」

固定費に対する上野支店長の明確な回答に、荒谷さんは恥じ入るほかありません。

「まあまあ、はじめて見ただろうし……実は社員なら誰でも見られる場所に格納されているんだけどね。場所を教えようか？」

「は、はい。お願いいたします」

自部門の現状をより認識しやすくなる――荒谷さんはそう考えて答えました。

1 部門別PLに載るのは3種類の費用

コストの押しつけ合いの話がありましたが、逆に自分の部門別PLに載せるべき費用というのは、どのようなものになるのでしょうか。

管理職の皆さんにとって最大のよりどころは、その部門の業績を示すことにあります。したがって、部門の運営に必要な費用を含めるべきと言えます。もう少し具体的に考えてみましょう。

まず、東京支店、静岡支店など、拠点が物理的に独立している場合には、その場所にあることで生じている費用が対象になります。例えば、家賃やチームメンバーの人件費、水道光熱費などです。これについては、含めるかどうかの判断にあまり頭を悩ますことは少ないでしょう。

次に、部門の業務を行うのに、関連する費用が挙げられます。

営業部門であれば、パンフレットの費用、取引先との交際費、移動のための交通費などが挙げられます。また、本社でも与信管理（取引先と回収の懸念がなく取引できる金額を決め、それを守ること）を担う部門は、帝国データバンクなどの与信機関への端末使用料などがその部門固有で発生しますので、含めます。ここは、少し判断が分かれる場合があります。例えば本社の営業支援部門で、パンフレットの費用は一括で費用として扱うという特別な対応をする会社もあるのです。**会社独自の決め事なので、正解は１つではありませんが、業績を比較しやすいよう、必ず毎年続けて同じ対応をするようにしてください。**

　これ以外にも、自分の部門で、本当に費用を負担したほうが良いのか悩むケースもあるでしょう。その場合、**費用と引き換えに得られるメリットを、自分の部門が会社全体の中でもっとも得ていると考えられる場合には、含めるべきと言えます。**正直なところ、この場合の判断は難しいです。効果があいまいなのであれば、できれば他の部門で費用を引き受けてくれないかと思うかもしれません。しかし、もし皆さんの部門がもっともメリットを得ているとあなた自身が考えるのであれば、全社最適な部門別 PL にして、判断を誤らせないためにも含めると理想的です。

自部門のPLに載る費用

	種類	例
1	物理的に独立した拠点で要するもの	家賃やチームメンバーの人件費、水道光熱費
2	業務に関連するもの	自部門だけで利用するシステム費用、交際費、交通費
3	自部門がメリットを得るもの	営業用パンフレット

② 管理職の説明が費用負担を決める

　ここまでで費用に含めるかどうかの考え方を説明しましたが、これはあくまでも一般的なものに過ぎません。実際には、各会社の経理部門が最終判断することになります。とくに、**新たに発生する費用については、繰り返しになりますが経理部門へ早めに相談することが大事です**。

　発生する費用の内容について、皆さんはもちろん説明できると思いますが、その際は内容だけではなく、前ページの図の整理に照らして「XX に当たるから、うちの費用負担になる・ならない」と説明できると効果的です。というのも、経理部門にはこのような案件が数多く持ち込まれるため、すべてをゼロから考えて判断するのがとても大変なのです。分かりやすい説明ができれば、その分早く経理部門から回答を得ることができるでしょう。とくに、事業の専門的知識が必要な内容の場合には、経理部門では理解するだけでも時間がかかることもよくあります。そこで、先ほど説明した部門別 PL で負担すべき費用の考え方にもとづいて、事業部門側の皆さんから最終的な判断まで説明してもらえると、納得してもらいやすくなるはずです。

　事業部門の管理職が、これらの原則まで押さえることには疑問を感じる方もいるかもしれません。ですが、この程度の内容であればまだ負担も少ないと思いますし、何よりも自分たちに有利なカタチでスムーズに進められるというメリットは、仕事をするうえでとても大きいことです。予算管理を行ううえでは、ぜひこのようなツボとなる考え方や問題になりやすいところを中心に押さえておくようにしましょう。

③ 部門別PLは経営者の視点に通じる

　わたしが以前勤めていた日本マクドナルドには、店舗ごとに部門別 PL がありましたので、当時 4 千近い部門別 PL があり

ました。おそらく日本でもっとも部門別 PL の数が多い会社なのではないでしょうか。その日本マクドナルドの創業者である藤田田さんの言葉に、「店長は経営者」というものがあります。物理的に独立した一店舗を任されている店長は、まさにその店舗の経営者としてふるまうべきだという趣旨だったようです。そのため部門別 PL がとても重視されていました。同時に、店長はそれを理解することができるように、当時は簿記 3 級の資格をとることが求められたという話を聞いたことがあります

　費用の負担の決め方は、先ほど説明した一般的な部門別 PL の費用負担の考え方と何ら変わりません。しかし、部門別 PL をきちんと理解しようとする店長の皆さんの姿勢には、目を見張るものがありました。費用についてその費用対効果が見合うものなのかを最終的に判断できるのは、やはり店長はじめ現場の方なのです。本当に効果があるのかないのかは、最終的に PL に跳ね返って出てきます。このように、**部門別 PL は、経理部門が細かいことに口出ししなくても、それぞれの部門の管理職をはじめ部門の皆さんが、自主的に自分の部門にとって最適と考えられる行動を取ってもらうためのツールと言えます**。

④ 改善の機会を見つける

　何度かお話ししていますが、管理職着任直後から業務改善や新しいやり方に全力で取り組むことは、あまりお勧めしません。部門別 PL についても、着任してしばらくの間はそこに何が含まれているのかを把握し、部門別 PL の費用負担の考え方に当てはめて整理するところからはじめれば十分です。

　それに慣れたら、少しずつ経営者の視点を発揮するようにしましょう。次第に、「効果が出ていないのでは」という費用が見つかることもあります。酷い場合には、実際には使っていないシステム利用料や読んでいない新聞や雑誌の購読料などが存

6

部門別 P L

④部門別PLの実務チェックポイント　187

在している場合もあります。それを見つけられるのも、部門別PLに何が含まれているかを知っているからこそです。経理部門では、使っている・使っていないまではなかなか把握しきれません。

　逆に、もっと費用を使うことで、効果が期待できるという場合もあるはずです。例えば、営業部門に帰社しなくても日報が提出できるようなシステムツールを入れれば、システム利用料はかかりますが、交通費が減ったり、何より浮いた時間を追加の商談に充てられたりできるかもしれません。このような「攻め」の費用の使い方ができるのも、部門の管理職の皆さんだからこそです。

　ぜひ部門別PLを取っかかりとして、皆さんの部門の業績改善につなげてください。部門別PLは非常に多くの会社で導入されている管理会計ツールですので、内容や使い方について理解しておくことは、皆さん個人にとっても大変有益です。

5 配賦と振替単価の意味

> 上野支店長から部門別PL表の共有場所を教えてもらった荒谷さん。席に戻って早速見てみますが、横に並ぶ他部門や本社・別の支店の数字がどうしても目に入ってきて気になります。
> 「やっぱり地域によってだいぶ違うんだな。次のページは本社か、さぞ費用が高そう……あれ？ 本社なのに費用がほとんどかかってないぞ?」

1 共通固定費の配賦はバーチャル按分

　ここまで、どこか1つの部門が負担する費用について見てきました。個別固定費と呼ばれるものです。ここからは、多くの部門または会社全体にかかっている費用の考え方を見てみましょう。復習になりますが、「共通固定費」と呼ばれるものです。

　繰り返しになりますが、本社の家賃、管理部門の人件費が共通固定費の代表例です。他にも、物流センターや研究開発部門を持っている会社であれば、これらの部門の人件費なども共通固定費に当たることが多いです。

　気づいた方もいるかもしれませんが、**共通固定費に当たる部門というのは、収益を稼ぐ代わりに、社内でサービスを提供する役割を果たしているという共通項があります**。このような部門のことを**コストセンター**と呼ぶ会社もあります。一方、営業部門のように収益を稼ぐ部門は**プロフィットセンター**と呼ばれます。プロフィットセンターの部門別PLを見てみると、稼いだ売上からかかった費用が引かれ、その部門の利益が計算され

ています。しかし、コストセンターの部門別 PL を見ると、費用だけしか載っていません。収益を稼がない部門なので当然といえば当然ですが、この費用が大きすぎないかをチェックする仕組みがありません。そこで、**プロフィットセンターにこの費用をつけ替えることで、費用がかかりすぎていないかのバランスを見られるようにする方法が考えられました。**これは、プロフィットセンターがコストセンターの分の費用も含めて稼げないと、結局会社全体の経営は成り立たないので、このような仕組みが取られているのです。ときどきドラマなどで「俺たちが食わしてやっている」と、コストセンターと思しき部門に向かって発言する営業の方を見かけますが、まさにそれを仕組み化したものと言えます。

　その仕組み化したものが、共通固定費の「配賦」です。なんだか難しそうな言葉ですが、配賦は単なる按分計算のことです。例えば、管理部門にかかった費用の総額を、プロフィットセンターである 14 の営業支店で均等配分するなどのやり方がなされます。均等配分以外に、売上金額に比例させて費用を配分する、または支店の部門の人数に応じて配分するなどの方法をよく見かけます。

　今紹介した 3 つの配分方法のどれを採用するかによって、それぞれの部門に按分される費用の金額は変わってきます。とくに、この費用を引いた利益が部門や部門長の評価に使われている場合、部門別 PL の副作用である「行き過ぎた自分事化」で挙げた事例のような大きな問題になることがあります。

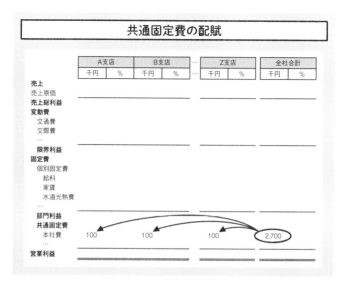

共通固定費の配賦

	A支店		B支店		…	Z支店		全社合計	
	千円	%	千円	%	…	千円	%	千円	%
売上									
売上原価									
売上総利益									
変動費									
交通費									
交際費									
…									
限界利益									
固定費									
個別固定費									
給料									
家賃									
水道光熱費									
…									
部門利益									
共通固定費									
本社費	100		100			100		2,700	
…									
営業利益									

[2] 振替単価はバーチャル売買取引

　共通固定費の解消法として配賦を挙げましたが、製造部門と販売部門を抱えているメーカーなどの業種では、部門別PLにおいて**振替単価**という仕組みを採用しているところがあります。これは、製造部門から販売部門に出荷する際に、社内の取引ではあるものの、取り決めた販売単価を使って部門別PLに記録するという方法です。その結果、**製造部門のPLには振替単価での売上が載り、販売部門のPLには振替単価での仕入が載ります。こうして、まるで外の会社と取引したかのような部門別PLができ上がります**。

　振替単価は、製造部門の業績を把握しやすくするために考え出された仕組みです。製造部門は普通なら直接収益を得ることはないので、前述のコストセンターに当たります。しかし、それでは費用がかかりすぎていないかなどのバランスを把握することが難しいのです。そのため、振替単価を使って製造したも

のを販売したカタチで売上とし、利益のバランスを考えられるようにします。

　ということは、**振替単価をどのように決めるかが重要になります。それ次第で、製造部門と販売部門の利益のバランスが変わってくるからです。**

③ バーチャル計算の副作用に注意

　配賦方法にどれを採用するかで費用の金額が変わるという話をしました。これも実際にわたしが経理部門時代に体験したことですが、営業部長の1人が、「パンフレットの費用は売上配分から均等配分に変更してほしい」と言ってきたことがありました。売上を上げるのにパンフレットは直接必要だからということで、これまで売上配分だったようですが、この方法だと、売上が多いこの部長の部門の費用が多くなってしまうのが問題のようでした。パンフレットの使用量が、実は各営業部門で同じくらいというのであれば、均等配分のほうが望ましいと言えるかもしれません。

　しかし、それを調べるには時間がかかります。もちろん費用の金額は正確なほうが良いのですが、その正確さのために時間や人件費が多く取られてしまうのでは本末転倒です。忘れてならないことは、配賦対象の総額自体がまったく変わらないので、会社全体で見たら何も影響はないのです。何も生みだしません。そして、やり方を変えると、今度は費用負担が多くなってしまった部門長がやってきて、元のやり方に戻してくれとクレームをつけるのです。総額が変わらないので、万人が納得する方法はありえないのです。

　振替単価についても、同様に非生産的な問題を引き起こすことがしばしばあります。振替単価を毎年決める場合に、その交渉に数か月の時間を取られている会社があります。販売部門は

できるだけ安く仕入れたいので、なるべく低く振替単価を設定したい。製造部門は自分たちの売上を上げるためには、なるべく高く振替単価を設定したい。両者の利害は逆ですので、当然ながら話し合いは平行線になりやすいのです。

しかし、この話し合いにいくら時間をかけても、社外からは売上は一銭も立たず、お金は入ってきません。

共通固定費の配賦や振替単価というのは、社内だけのバーチャルな仕組みです。まさにこれも強すぎる当事者意識の副作用といえますが、誰の目にも不公平が明らかではない限り、過度にこだわりすぎないようにしましょう。

6 部門別PLと 予算管理

何か理由があるのかもしれない。

荒谷さんが上野支店長に改めて尋ねてみると、本社には売上を上げる部門がないため、営業課のある支店に按分しているとのことでした。

「う〜ん、負担する側としては微妙だけど、本社が経営の中枢だしなぁ」

ぼやく荒谷さんですが、この部門別PLの仕組みを知っていれば、今後の予算作成や折衝の材料になるかもしれないという計算も働かせはじめるのでした。

1 月次決算を習得機会にしよう

ここまで部門別PLについて、有効な活用例やその仕組み、取り扱う際の注意点などについて解説してきました。勘の良い方はお気づきかもしれません。部門別PLは、実はChapter 4までで取り扱ってきた予算管理の対象そのものなのです。つまり、**部門別PLをマスターすることで、予算管理を実務で適切かつ効率的に扱えるようになります**。

部門別PLを習得するには、月次決算を振り返りの機会として活用するのがもっとも効率的でしょう。月次決算は定期的に訪れる機会であり、経理部門に説明しなくてはならない事柄も含むはずです。必須業務のついでに分からないことを理解していくことは一石二鳥と言えます。さらに、直近1か月分の業績ですので、もし不明点があれば、チームメンバーや取引先を

含めて質問、回答を得るのも難しくはないでしょう。慣れてくれれば、皆さん自身でも「今月の活動量を考えると、交通費が少ない気がする」といった具合に、自分の実感が数値に反映されているのかまで気づけるようになると思います。

② 予算作成の手の抜きどころにも

　各部門では、部門別 PL のカタチで予算の作成を依頼されることが多いという話をすでにしました。部門別 PL のカタチを理解した皆さんは、気づいたことがあるかもしれません。それは、皆さんの部門の部門別 PL に載っている費用だからといって、皆さんが数字を作るのが最適ではないケースもあるということです。

　代表例は、管理不能個別固定費です。支店の家賃や、支店の社員の人件費などがそうでした。もしこれらを決めるのが、本社の総務部門や人事部門なのであれば、そちらで記入してもらうのが良いでしょう。

　しかし現実には、このような場合でも、各部門で記入してくださいと求めてしまう経理部門も多いようで、残念です。その場合には、「これまでと同水準という前提で作りました」というコメントをつけながら、昨年をベースに分かりうる範囲の金額を記入すれば良いでしょう。もちろん、来年以降はやり方を改善してもらえるように動くことができれば理想的です。

⑦ 部門別PLを活用した マネジメント

　部門別 PL の数字は、予算管理で報告している数字がもとになっている——つまり、営業課の中で立てた達成目標がそのまま反映されています。

　それを自分の手元にだけ置いておくのはもったいないと、荒谷さんは考えはじめました。

「支店長は、社員なら誰でも見られると言っていたけど、いきなり皆にこれを見せても自分事として見てくれるだろうか……そうだ、若井さんのときのように」

　若井さんのために作った KPI のような伝え方を模索する荒谷さんでした。

---

① 各人に合わせたカタチで伝えよう

　ここまで取り上げたテーマと同様、部門別 PL についても改善の取り組みがなされることがあります。例えば、営業部門で外回りに使う交通費を削減しようという話があったとします。このとき、まだ慣れないチームメンバーは、そのことを気にしすぎて身動きが取れなくなり、売上を下げてしまうかもしれません。このようなことがないように、相手の経験やスキル、性格に合わせて伝え方を変えるようにしましょう。部門全体の定例会議では、交通費削減という話をそのまませざるをえませんが、不安があるメンバーには後から「こういう方法でカバーできるよ」というようにフォローすることも必要です。このさじ加減は、メンバーをよく知る皆さん管理職にしかできません。

メンバーがきちんと咀嚼して、行動できるようになるあたりまでフォローしたいところです。

　また、低迷している売上を上げる対策をしようという話になったとき、これもまたそのまま伝えるだけでは理解や行動が難しいメンバーも多いでしょう。受注率に問題があるのか、そもそも訪問件数が圧倒的に足りないのか、売上不振の原因にはいろいろなパターンがありえます。この場合、売上をさらに細かく分解した KPI のカタチで特定して、より具体的にした改善策を伝えたほうが良いでしょう。

　このように、部門別 PL の課題だったとしても、その伝え方は、各人別に工夫したほうが良く、そして部門別 PL のまま伝える必要は必ずしもないのです。

2 KPIと部門別PLをうまく使い分けよう

　上記の例のように、部門別 PL も KPI も、ともに管理会計のツールという点で共通しています。ここでいうツールというのは、各部門が自分事として業務改善に取り組むことを促す仕組みという意味です。

　何が違うかといえば、**KPI は事業部門発祥のツールであり、部門別 PL は経理部門由来のツールであるということです。**ですので、**事業部門の方にとっては、KPI のほうがおそらくなじみやすいはずです。**これに対して、部門別 PL はどうやって計算されているかも分からないと感じる方も多いと思います。

　そこで、皆さんが部門内でチームメンバーの方と話すときには、基本的に KPI を主体にしたほうが良いかもしれません。分かりやすさに加えて、情報の早さの点からもそう言えます。月次決算を締めるのに、どこの会社もおよそ 5 営業日くらいは要するため、皆さんの手元に部門別 PL が届くのはそれ以降です。しかし KPI であれば、月次決算の最中である 1 〜 3 営

業日の間には分かっていることが多いでしょう。数字を早く知ることができれば、それだけ対策を考えたり、行動に当てたりできる時間が確保できます。

　ただ、**忘れてならないのは、部門別 PL は全社 PL との橋渡しをしてくれる存在だということです。皆さんが部門外に説明するときには、必ず部門別 PL の考え方が必要になります。**

　管理職の皆さんには、部門内と部門外で、KPI と部門別 PL の 2 つの管理会計ツールを使い分けることが求められるのです。とくに、KPI と部門別 PL の関係性、それは KPI と利益のつながりとも言い換えられますが、これを十分理解して、「通訳」として機能できると良いでしょう。この本ではなるべく会計に深入りしないで予算管理ができるやり方を伝えてきましたが、ビジネスの世界の共通言語は最終的に PL で語られます。ちょっとずつで構わないので、予算管理を通じてこれらのツールを使いこなし、皆さんもゆくゆくは PL で語れるようになっていただければと思います。

部門別PLとKPIの違い

部門別PL

KPI

全社PL

経理部門　　　　　事業部門

③ 自分が覚えたら後輩たちへ

　この本の最初のほうで、予算管理は管理職の必須スキルであることをお伝えしました。**KPI と部門別 PL という 2 つのツー**

ルを使いこなせれば、予算管理を十分にマスターできたと言えます。

　おそらく、予算管理スキルは今後さらに注目されていき、管理職以下の一般社員にも必要とされる時代が来るでしょう。

　ROI（Return On Investment、投資対効果）という言葉がありますが、近年あらゆるビジネス案件においてROIが問われるようになってきました。その際、多くのビジネスパーソンは、Return＝効果については朗々と語れるのですが、Investment＝投資（コストと同じと考えて結構です）について抜け漏れを生じさせていることが多くあります。これは、売上だけは把握しているものの、コストなどは理解できていないため、費用と売上のバランスを取れない状態と同じです。予算管理をマスターすることで、このような事態を防ぐコツが身につきますが、このことは管理職だけではなくチームメンバーにも予算管理のスキルが求められつつあるとも言えます。

　これまで、予算管理や会計といったものは、とくに事業部門のOJTではあまり扱われてきませんでした。しかし、これからはその必要性がますます高まっているのです。**自分が少しずつ理解したことを、ぜひ後輩のメンバーたちに伝えていきましょう**。実際に分担して作業を担ってもらうのも効果的です。メンバーの実務スキルも向上しますし、管理職の皆さんにとっても、自部門の予算管理を任せられる状況ができるため負担を軽減しやすくなります。教育効果と効率化はともに達成することもできますので、ビジネスパーソンとしての共通言語であるPLを身につける機会として、部門別PLをうまく活用してみてください。

6

部門別PL

エピローグ

9月

　荒谷さんが静岡支店の営業課長となってから、まもなく1年を迎えます。先日の人事からの通達によれば、荒谷さんは、10月以降も引き続き営業課長として職務に当たることになりました。

　当初は予算管理について右も左も分からない状態でしたが、今では予算管理の数字をそれ以外の業務にも活用できるようになりました。気がつけば予算管理を通じ、上司である上野支店長や若井さんをはじめとした営業課のメンバー、経理など他部門の関係者との社内ネットワークが広く深くなったように思われます。

「予算管理が会社と管理職に不可欠な理由は、こういうことだろうな」

　そうつぶやきながら、荒谷さんはこの1年で自らがまとめてきた予算管理の資料を整理しています。これからは前任者のものではなく、自分の作ってきたものを予算管理に利用することになります。管理職2年目に向けて、次なる予算管理との戦いがはじまろうとしています。

① 実務で困ったときの TIPS

1 理想と現実の問題

　予算管理について、本書ではたびたび関係者とのコミュニケーションを勧めてきました。予算管理に限らず、どの業務でもコミュニケーションはよく求められるスキルですが、これを苦手に思っている方は多いのではないでしょうか。

　また、ストーリーにおいて、荒谷さんの勤める職場は上司も部下も好意的・協力的でした。ただ、皆さんの中には「うちの職場はこんな理想的じゃない」と思う方もいることでしょう。

　本書は予算管理の実務に活用してもらうための方法などを紹介してきましたが、現実の職場で活用できなければ本末転倒です。そこで、**本書の締めくくりとして、理想的な状況でないときに、どのように対処すべきかについて補足したい**と思います。

2 自分からのコミュニケーションが苦手なケース

　性格的に**自分から話しかけるのが苦手な方や、他人との関係を持つことが不得意な方は、予算管理に関する資料集めや分析などにウェイトを置くようにしましょう**。予算管理は「業務の数字化」が行われているため、過去の数字を見るだけである程度の分析が行えます。

　また、現在や将来などのまだ数字化されていない情報については、業績見込や予算作成で使う資料のフォーマットを、自分が使いやすいカタチで作ることで、精度の高い情報を集めやすくなります。**自分が理解しにくいカタチや他人が作ったフォーマットをそのまま使うと、自分の知りたい情報が入手しにくく**

なるため、集めた情報の確認で自分からコミュニケーションを取るケースが増えてしまうので注意です。

そして、自分からコミュニケーションを取ることが避けられない場合には、**定例会議や人事面談などの定期で行われるコミュニケーションの場に便乗しましょう**。これなら予算管理のために個別の場を設けなくて良くなります。ただしこの場合、場の主目的を邪魔しないよう準備することや、予算管理のスケジュールに間に合わせられるよう、より一層の配慮が必要です。

③ 上司が非協力的なケース

本書のストーリーにおける荒谷さんの上司、上野支店長は気さくで好意的な人物でした。世の上司が全員あのような方々であればありがたいことですが、実際にはそこまで協力的ではなかったり、テレビドラマに出てくるような性格の悪い上司や、部下に責任を擦りつけようとしたりする上司がいるかもしれません。もし皆さんの上司がそのような人物だったら、どのように立ち回るべきでしょうか。

人事労務の対応は別として、予算管理ではこの場合も、資料集めや分析などにウェイトを置くことが重要です。それらだけで情報収集できれば、上司と多くコミュニケーションを取る必要がありません。**資料だけでの情報収集が難しい場合には、部下や経理部門など、上司以外の関係者とやり取りし、上司との接点を極力減らします。**

ただ、**予算管理の資料を作成した際は必ず共有・報告し、上司に言質を取ることを忘れないでください**。報告は口頭ではなくメールなど履歴が残せるもので行い、宛先のCCにも関係者を入れておき、上司との説明の食い違いや責任の所在などで問題が発生したときの「保険」を用意しておきましょう。

④ 部下が非協力的なケース

　一般論として、予算管理の実務に対して部下が非協力的なのはレアケースです。予算を達成するための目標数値などを考えればわかりやすいですが、数値の達成度がそのまま部下の評価に直結する人事制度を敷いている会社が多いからです。

　予算管理への協力に部下が応じにくいパターンとして考えられるのは、予算管理に関する業務について「急に仕事を増やされた」と感じる場合や、「業務が評価にあまり加味されていない」と感じる場合です。

　そう感じさせない方法として、まず前者では予算管理のスケジュールを定例会議などのオフィシャルな場で、時間的余裕を持って伝えておくことです。これにより**上司からのサプライズ感を減らし、業務を受け入れやすい雰囲気を作ります**。

　そして後者では、**予算管理に関する業務が評価にひもづくことをきちんと説明しましょう**。あなたが人事評価にも関わる立場であれば、部署への貢献といったプラス評価にすることを明言しても良いかもしれません。ただ露骨に評価に直結する話をしすぎると、パワーハラスメントと捉えられかねないので、そのさじ加減には慎重さが求められます。

⑤ テレワークなどやり取りが制限されたケース

　近年注目を集めるものとして、テレワークに代表される、「定時に職場に集まらないで仕事をする」という働き方が広がっています。社員ひとりひとりの働き方に自由度が与えられますが、**従来の手法が使えなくなる場合もあるため注意が必要です**。

　例えば、これまでは同じ職場に出社していたため、何か聞きたいことがあれば対面で簡単に声をかけることができましたが、テレワークの場合は電話やインターネットなどの通信手段が双方にないと連絡が取れません。また、たまたま職場で顔を

合わせたときに、ふと何か思い出してその場で伝えるといったことも起きません。

　幸い予算管理は数字をベースに話ができるため、関係者から数字を出してもらえれば、メールなどのオンラインコミュニケーションでも十分対応が可能です。問題は、「数字を予定どおりちゃんと出してもらえるか」です。

　わたしのクライアントにテレワークを導入している会社がありますが、そちらのお話によると、テレワークで難しくなったものに「督促」があるそうです。従来の対面で行っていた頃は、督促されたほうに人的なプレッシャーがかかるらしく、その後の対応は早かったそうですが、これが電話やメールなどの手段になると、最悪無視されてしまうなどのケースも起き、対応が悪くなったとのことです。

　これまで話してきたとおり、予算管理の業務でうまく手を抜くための要素には、スケジュールを押さえることがあります。スケジュールを守ってもらうため、これまでは職場での突発的なミーティングや廊下ですれ違った際にもできた督促が、前述の事例のようにテレワークなど限られたやり取りの中では難しくなっていることに注意が必要です。

　こうした状況下での対応としては、**②のケースと同様に、予算管理で使う資料のフォーマットを、自分が使いやすいカタチで用意してコミュニケーションの不足を補います。**また、とにかく数字を出してもらってから話が進められるように、いきなり完成した数字での提出を求めず、**大まかな数字での提出を許容してハードルを下げることも有効です。**さらに、オンライン上でも定例会議などが行われる場合には、その場を利用して督促することで、人的なプレッシャーをかけやすくなるでしょう。

　これらの対応は、従来の職場でも活用できるワザですので、工夫の一助として参考にしてください。

著者プロフィール

梅澤 真由美（うめざわ まゆみ）

公認会計士、管理会計ラボ株式会社代表取締役。
ボンド大学ビジネススクール（MBA）修了。静岡県出身。
京都大学大学院農学研究科在学中に公認会計士試験に合
格し、監査法人トーマツ（現・有限責任監査法人トーマツ）
にて会計監査に従事。日本マクドナルド㈱で経理・予算管
理など、経営財務分野の幅広い業務に携わったのち、ウォル
ト・ディズニー・ジャパン㈱にてファイナンス（経営企画）マ
ネージャーを歴任。
事業会社2社で通算10年勤務した後、現在の管理会計ラボ株式会社を設立。現在
は、日本では数少ない予算管理など管理会計専門の「実務家会計士」として、コン
サルティング業務に従事する傍ら、メガバンク系シンクタンクでも多数登壇。上場会社
など複数社にて社外役員も務めている。
主な著書に『今から始める・見直す 管理会計の仕組みと実務がわかる本』『「経理」
の勉強法！』（中央経済社）、『シンプルで合理的な意思決定をするために「ファイナン
ス」から考える！超入門』（かんき出版）。

会計知識ゼロからの
はじめての予算管理

2020 年 9 月 30 日　初版第 1 刷発行
2024 年 8 月 10 日　　第 3 刷発行

著　者——梅澤 真由美
　　　　©2020 Mayumi Umezawa

発行者——張 士洛

発行所——日本能率協会マネジメントセンター
　　　　〒103-6009　東京都中央区日本橋2-7-1　東京日本橋タワー
　　　　TEL　03（6362）4339（編集）／ 03（6362）4558（販売）
　　　　FAX　03（3272）8127（編集・販売）
　　　　https://www.jmam.co.jp/

装丁————————八木 麻祐子（Isshiki）
本文デザイン・DTP————次葉
イラスト————————大塚 たかみつ
印刷・製本所————————三松堂株式会社

ISBN 978-4-8207-2841-2　C2034
落丁・乱丁はおとりかえします。
PRINTED IN JAPAN

マンガでやさしくわかる
会社の数字

前田 信弘　著
葛城 かえで　シナリオ制作／たかみね 駆　作画
A5判 240ページ

会社の周りは数字であふれかえっています。そうした「会社の数字」について、本書は田舎のスーパーを舞台としたマンガでストーリーを追いつつ、「会社の数字のなに・なぜ」を丁寧に解説しています。内容を正しく理解できているかをチェックできる「確認問題」つきです。

数字を武器として使いたいビジネスパーソンの
会計の基本教科書

中尾 篤史　著
A5判 284ページ

会計は、経営者や経理部門など、社内の限られた人間だけが使うものと思われがちです。しかし実際のビジネスの現場では、会計の考えによって弾き出された数字が常に存在しています。本書は、会社の経理の専門家である著者が、身近な例を多く採り上げながら体系的に分かりやすく書いた、仕事において会計やその数字の意味をきちんと理解したいビジネスパーソンに贈る1冊です。

ケースでわかる
管理会計の実務

**製品別採算管理・事業ポートフォリオ管理・
投資案件管理の実際**

松永 博樹・内山 正悟　著
A5判 304ページ

管理会計は、将来の利益を生むための基本として、意思決定や投資の評価などのように、企業経営において欠かせないものです。予算管理、価格決定、受注可否判断、コストダウンなど、活用は多岐にわたりますが、活用のレベル差がそのまま業績の差となって表れてきます。本書は、特に「製品別採算管理」「事業ポートフォリオ管理」「投資案件管理」について、事例をもとに実務的にまとめました。